Lições de Vida

Ditados Populares

Antonio Luiz Cevoli

Lições de Vida

Ditados Populares

MADRAS

© 2003, Madras Editora Ltda.

Editor:
Wagner Veneziani Costa

Produção e Capa:
Equipe Técnica Madras

Ilustração da Capa:
Renata Guedes Pacces

Revisão:
Ida Orion
Wilson Ryoji Imoto
Elaine Gracia

Tiragem:
1 mil exemplares

ISBN 85-7374-294-1

Proibida a reprodução total ou parcial desta obra, de qualquer forma ou por qualquer meio eletrônico, mecânico, inclusive por meio de processos xerográficos, sem a permissão expressa do editor (Lei nº 9.610, de 19.2.98).

Todos os direitos desta edição, para a língua portuguesa, reservados pela

MADRAS EDITORA LTDA.
Rua Paulo Gonçalves, 88 — Santana
02403-020 — São Paulo — SP
Caixa Postal 12299 — CEP 02013-970 — SP
Tel.: (0_ _11) 6959.1127 — Fax: (0_ _11) 6959.3090
www.madras.com.br

Agradecimentos

A um Ser muito especial pela ajuda no cumprimento desta missão, e à minha família e aos verdadeiros amigos pelo incentivo recebido.

Índice

Introdução 17

Uma andorinha só não faz verão 18
Sem camisinha nada feito 18
Cachorro mordido por cobra tem medo de lingüiça 19
Muito ajuda quem pouco atrapalha 19
Ninguém pode fazê-lo sentir-se inferior sem o seu
    consentimento 19
Quanto mais eu conheço os homens, mais gosto dos animais 20
O igual sempre atrai os iguais 20
Mulher chique fica bem em qualquer trapinho 21
Uma árvore se conhece pelos frutos 21
Nada nasce do nada 22
Um raio nunca cai duas vezes no mesmo lugar 22
De grão em grão, a galinha enche o papo 23
Uma resposta branda aplaca a ira, mas uma palavra ofensiva
    provoca a cólera 23
Um é pouco, dois é bom e três é demais 24
A cada dia que passa adquirimos mais experiências, que se
    transformarão nas reservas do amanhã 25
Os cães ladram e a caravana passa 25
Aqui se faz, aqui se paga 26
Crianças são mensagens vivas que mandamos para um tempo
    que não veremos 26
Não adianta lutar contra a maré 27

Maridos ciumentos induzem as mulheres à traição porque as transformam em tema permanente. Quando se fala muito em comida, dá vontade de comer 27
Não julgues para não serdes julgado 28
O amor é cego e cega 28
É perdoando que se é perdoado 29
Não devemos nos preocupar com coisas que não nos compete resolver 29
Não existe mulher feia. O que existe é mulher mal produzida 30
Somente podemos dar o que temos de sobra 30
Quem semeia vento colhe tempestade 31
Não podemos consertar o mundo com as mãos 31
Nossas experiências vividas são a biografia dos nossos erros 32
Antes eles chorarem do que nós 32
Ajuda-me que eu te ajudarei 33
A semente do amor precisa ser eternamente replantada 34
Água mole em pedra dura tanto bate até que fura 34
Faça o que eu digo, mas não faça o que eu faço 35
A vingança só leva à autodestruição 35
Não deixes para amanhã o que podes fazer hoje 36
O sofrimento de hoje servirá de base para suportar os problemas de amanhã 36
Pense por si mesmo e dê às outras pessoas o direito de fazer o mesmo 37
Toda árvore boa dá bons frutos. Toda árvore má dá maus frutos 37
Quem pouco fala, pouco erra 38
Ser gentil e prestativo com os outros não custa nada 38
A paciência é a arte de ter esperança 39
De graça até injeção na testa 39
Eis aqui um teste para verificar se a sua missão na Terra está cumprida. Se você está vivo, ela não está 40
Há males que vêm para o bem 40
Quem não sabe o que procura, não entende o que encontra 41
Quantidade não é qualidade 41
O caráter de um homem não reside na inteligência, mas sim no coração 42
A inveja é o sentimento mais pobre que existe em nossa vida 42
A valorização da empresa se inicia obrigatoriamente pela valorização do ser humano 43

Trair e coçar é só começar 45
Não adianta descobrir um santo para cobrir outro 46
A melhor maneira de se comportar na vida é não se preocupar
   nem com o bem nem com o mal, mas com o dever 46
Cada ser humano tem de se adaptar à época em que vive 47
Acostume-se a agir corretamente para não ter arrependimentos
   futuros 47
Transmitir as experiências possuídas é dever de todos 48
Cada um tem aquilo que merece 48
Não existem homens perfeitos neste mundo, só intenções
   perfeitas 49
Diga-me com quem andas, que eu te direi quem és 49
Você que chega agora e critica o que está feito, deveria ter
   chegado mais cedo e ajudado a fazer 50
Deus dá o frio conforme o cobertor 50
A pressa é inimiga da perfeição 51
Mais vale um vizinho próximo do que um irmão distante 51
Existem duas formas de causar prejuízo a uma empresa:
   sem querer e querendo. Qual delas é a pior alternativa? 52
Mais fácil do que andar para a frente 52
É como andar de bicicleta: aprendeu, jamais se esquece 53
Cada macaco no seu galho 53
Cachorro que late não morde 54
Viajar profissionalmente só é bom para quem nunca viajou 54
Não adianta dar murro em ponta de faca 55
O valor do presente não está naquilo que se dá ou faz, mas na
   intenção de quem o deu ou fez 56
No amor, não existe tu nem eu, mas sim, nós 57
Os homens gostam tanto de elogios quanto as mulheres 57
Vestir-se com segundas intenções não é crime 58
Quem assume riscos se fortalece 58
A beleza só está nos olhos de quem a vê 59
É errando que se aprende 59
Quem guarda tem 60
Não devemos fazer as coisas aos trancos e barrancos 60
Filhos criados, trabalho dobrado 61
A vontade se prova na ação 61
Viva hoje e agora em cada instante de sua vida, os ideais de
   fraternidade, justiça e sabedoria, pois, transformando a si
   próprio, transformará o mundo 62

Pense cuidadosamente antes de falar, para que aquilo que disser seja verdadeiro, útil e justo, pois tudo que não reunir tais qualidades não merece ser dito 63
É preferível dar do que receber 63
O cachorro é o melhor amigo do homem porque não sabe o valor do dinheiro 64
Em princípio, o que é bom para você será também para os outros 64
As aparências enganam 65
Quem tem pressa come cru 65
Transmitir alegria não custa nada 66
Cuidado com as pessoas que não olham nos seus olhos 66
É mais fácil um elefante passar pelo buraco da agulha do que 67
Nem tudo que reluz é ouro 67
Você vê as pingas que eu tomo, mas não vê os tombos que eu levo 68
Honestos não mentem sem necessidade 68
Isto aqui não é nariz de santo 69
Liberdade com responsabilidade 69
O bem que se faz num dia é semente de felicidade para o dia seguinte 70
O homem só é ateu até a primeira dificuldade 70
Saber presentear as pessoas é uma arte 71
Quem canta seus males espanta 71
O hábito não faz o monge 72
Perguntaram a uma mãe de qual filho ela gostava mais, ao que ela respondeu: do menor até crescer, do doente até sarar, do ausente até voltar 73
Cavalo dado, não se olha os dentes 73
Pensar sem racionar é o mesmo que não pensar 74
O maior cego é aquele que não quer ver 74
Não importa quem afunda primeiro, a popa ou a proa. O que importa é que todos vão morrer afogados 75
Dedique tanto tempo para melhorar a si mesmo, que não sobre tempo para criticar os outros 75
Toda araruta tem seu dia de mingau 76
Fale somente coisas sãs, alegres e prósperas que possam ajudar os demais 77
Quem gosta do que faz, faz bem 77

Para vencer na vida aprenda a controlar seus medos 78
A facilidade gera uma dificuldade 78
É dando que se recebe 79
Pau que nasce torto não tem jeito... morre torto 79
Quem avisa amigo é 80
Basta cada um cumprir o seu dever para arrumar o mundo 81
O poder da palavra a gente vê quando a palavra está no poder ... 81
Na vida, existe hora para tudo 81
Não queiras para os outros o que não queres para ti 82
Amigo que não presta e faca que não corta, que se percam,
    pouco importa 82
Se não podes com o inimigo, junta-te a ele 83
Casa de ferreiro, espeto de pau 83
O importante é competir 84
Mais vale um pássaro na mão do que dois voando 84
O fracasso é a única maneira de começar tudo de novo, nem
    melhor nem pior, apenas diferente 85
A palavra é a maior arma do ser humano 86
A primeira impressão é sempre a que fica 86
A fé move montanhas 87
O conhecimento só será válido quando modificar a vida das
    pessoas 87
Quem não arrisca não petisca 88
Nem tudo que balança cai 88
Uma conquista só é válida quando se sabe o que fazer
    com ela 89
A autoconfiança é a alma do negócio, desde que estejamos
    devidamente preparados 90
Sogra e cerveja... só gelada em cima da mesa 90
Só existe uma coisa pior do que falarem da gente. É não
    falarem 91
Um relacionamento requer muito trabalho e amor: superação
    de si, dos próprios desejos e, sobretudo, curiosidade e nenhum
    cinismo 91
O bem e o mal sempre andam juntos 92
Conquistar é fácil... manter é mais difícil 92
Tanto dá na cabeça como na cabeça dá 93
Não adianta tapar o sol com a peneira 93
Mestre é aquele que sabe respeitar a personalidade do
    aprendiz para que ele se desenvolva livremente 94

Quem com ferro fere, com ferro será ferido 94
Todo boato tem seu fundo de verdade 95
Ver para crer 95
A corda sempre arrebenta do lado mais fraco 96
Quem nunca pecou, que atire a primeira pedra 96
Pé de galinha não mata pintinho 97
Nesta vida nada se cria... tudo se copia 97
Não devemos confundir pobreza com sujeira 98
Só o medo pode impedir as realizações do ser humano 98
O segredo do sucesso é sentir-se merecedor dele 99
Quem sabe fazer... sabe mandar 99
Não chegue perto de Deus. Ele pode sacudir a árvore 100
Manda quem pode, obedece quem tem juízo 100
Sempre que se inicia uma relação, há diferenças com as quais
 temos de lidar. São coisas novas, que nunca se encarou 101
Não existem perguntas embaraçosas. Há respostas
 embaraçosas 102
A nascente quase sempre desaprova o curso do rio 102
Todo ser humano deve alimentar suas vaidades 103
Cada um tem a cruz que pode carregar 103
Os últimos serão os primeiros 104
Faça com que seus amigos sintam que há algo de valor neles ... 104
Pessoa certa no lugar certo; pessoa certa no lugar errado; pessoa
 errada no lugar certo e pessoa errada no lugar errado 105
Não precisamos de dinheiro para ser felizes 106
O lobo perde o pêlo, mas não perde o viço 106
Originalidade é um traço cuja utilidade mentes medíocres não
 conseguem atinar 107
Dinheiro traz dinheiro 107
Fulano de tal está sempre em cima do muro 107
Forme um elevado conceito de si mesmo e proclame isto para
 todas as partes. Não com palavras, mas com ações 108
A melhor maneira de aprender é ensinando 109
Quem conta um conto aumenta um ponto 109
A amizade é como uma flor,
 quando as pétalas caem jamais fica igual 110
Às vezes, rir de nós mesmos é a melhor saída 110
O exemplo vem de cima 111
Não critique as pessoas quando estiver subindo, porque as
 encontrará quando estiver descendo 111

Pensamentos positivos atraem sucesso. Pensamentos negativos
   atraem fracasso 112
Não repasse aos outros seus problemas porque poderão
   voltar-se contra você mesmo 112
Gato escaldado tem medo de água fria 113
A felicidade não se adquire. Se desenvolve 113
Cada ser humano deve ser motivado de forma diferente 114
O pensamento positivo faz milagres 114
A melhor das mentiras é a verdade 114
Só o amor constrói 115
A pressa passa e a porcaria fica 115
A velhice nas pessoas aflora as experiências adquiridas 116
Se o ser humano não tem coragem de tomar alguma decisão
   de que precisa, certamente alguém "lá de cima" tomará
   por ele 117
O bom filho à casa torna 117
Não se encontra a solidão, nós a fazemos 118
Antes só do que mal acompanhado 118
O bem público é a lei suprema 119
Nada do que foi será do jeito que já foi um dia 119
Quem meus filhos beija, minha boca adoça 120
Cada ser humano deve exercer seu livre-arbítrio 120
O medo do fracasso boicota boas iniciativas 121
A fé é comparada a uma planta: precisa de manutenção diária
   para sobreviver 121
Compreender é o começo para aprovar 122
Em briga de marido e mulher, não se deve meter a colher 122
Devagar se vai ao longe 123
As uvas estão verdes 123
Amai-vos uns aos outros 124
O Sol nasce para todos 124
Em cada cabeça, uma sentença 124
As pessoas aprendem pelo amor ou pela dor 125
Antes de abrir a boca, ligue o cérebro 125
Amigo é coisa para se guardar debaixo de sete chaves 126
Respeite para ser respeitado 126
Às vezes, perdemos quando ganhamos e, outras, ganhamos127
   quando perdemos 127
A mentira tem pernas curtas 127

Não há mal que sempre dure, nem bem que nunca se acabe 128
A criatividade consiste em descobrir o desconhecido 128
Deus escreve certo por linhas tortas 129
Após a tempestade, vem a bonança 129
Nem sempre o que é bom para você também será para os outros, principalmente se forem seus filhos 130
O pensamento é uma realidade mental que atrai a realidade física 130
Na vida, nada acontece por acaso 131
O ótimo é inimigo do bom 131
O avô constrói, o filho mantém e o neto destrói 132
É melhor prevenir do que remediar 133
Nada vem de graça. Portanto, mãos à obra 133
O excesso de autocrítica paralisa 133
Perante Deus... somos todos iguais 134
Deus ajuda a quem cedo madruga 134
Quem vê cara não vê coração 135
Mão aberta... mão cheia 135
Quem espera sempre alcança 136
Sou a única pessoa no mundo que realmente queria conhecer bem 136
Somos o que fazemos, mas somos principalmente o que fazemos para mudar o que somos 137
Culpar os outros por seus erros não resolve nada 137
Se cada um fizer a sua parte este mundo será bem melhor 138
Cada um tem de fazer a sua parte 138
Em time que está ganhando não se mexe 139
Sempre é hora de se fazer o que é certo, na hora certa 139
Ser é mais importante do que fazer ou ter 140
Cada um deve viver à sua maneira 140
A melhor maneira de cumprir as ordens recebidas é saber qual a sua finalidade 141
A motivação é a energia que move nossas vidas 141
Que o ser humano tenha a serenidade para aceitar aquilo que não pode mudar, a coragem para mudar o que deve e a sabedoria para distinguir uma coisa da outra 142
É uma estrada de mão única 142
Por trás de qualquer problema sempre existirá uma causa 143
O homem não deve escrever a História. Deve fazê-la 143

Certas pessoas erram tanto que não conseguem mais distinguir o certo do errado 144
Promessa: nunca mais dizer sim quando quero dizer não 144
É melhor ter um cachorro amigo do que um amigo cachorro 145
Quem parte e reparte sempre fica com a melhor parte 145
Nada como um dia após o outro 146
Para se conhecer uma pessoa é preciso comer um quilo de sal junto 146
A experiência é fruto da árvore dos erros 147
Saber reconhecer o erro é uma grande virtude 147
Filhos crescem, casam e nos dão netos. Não necessariamente nessa ordem 148
A ocasião faz o ladrão 149
As obrigações não devem impedir a realização dos sonhos 149
As coisas mais importantes da vida aprende-se sozinho 150
A esperança é a última que morre 150
O que se planta hoje... se colhe amanhã 151
Deixa como está para ver como é que fica 151
Chifre e mala, cada um carrega o seu 152
A familiaridade encurta o respeito e rebaixa a autoridade 152
A evolução individual implica uma evolução coletiva 153
Não se pode dizer que a pessoa praticou um erro, quando dele se beneficiou 153
Se todos gostassem do amarelo, o que seria das outras cores? .. 154
Uma boa ação jamais se perde. É um tesouro armazenado e guardado em favor daquele que a praticou 154

Introdução

Por que resolvi escrever este livro?
A cada dia, a cada hora, a cada minuto e até a cada segundo de nossas vidas, na convivência diária com familiares, amigos, colegas de escola, de trabalho, nas leituras, enfim, em qualquer lugar que possamos estar, somos praticamente bombardeados com toda espécie de informações, que acabam se transformando em verdadeiras lições de vida.
É evidente que, para que isso ocorra, precisamos estar sempre atentos e preparados para captar e entender essas lições.
Sei muito bem que cada ser humano reage de forma completamente diferente diante das diversas situações que a vida nos oferece diariamente. Enquanto alguns conseguem captá-las rapidamente, sem maiores problemas, outros irão demorar um pouco mais para percebê-las. Temos ainda aquelas pessoas que necessitam de uma pequena ajuda para perceber e entender as lições recebidas. É justamente em função destas pessoas que resolvi escrever este livro.
São lições de vida, originadas na simples interpretação de provérbios, frases e citações mais conhecidas, extraídas do cotidiano, quer seja através de jornais, em conversas com amigos, nas revistas *Nova* e *Caras*, da Editora Abril, na própria *Bíblia Sagrada*, enfim, em todos os meios possíveis e imagináveis a que temos acesso diariamente.
Apesar de todo o meu esforço, tenho absoluta certeza de que as interpretações dadas não são as melhores que existem. É justamente por isso que peço a cada leitor que faça suas próprias interpretações para poder aprender mais um pouco.
Espero que aproveitem bem.

Uma andorinha só não faz verão

Por mais inteligente que seja o ser humano, jamais terá condições de fazer algo ou alguma coisa completamente sozinho. Sempre dependerá da ajuda de uma ou mais pessoas para completar seu trabalho. Veja, por exemplo, a mão. Se quiser carregar alguma coisa utilizando-se apenas de um único dedo, talvez consiga carregar 5 quilos. Se utilizar a mão inteira poderá carregar até 50 quilos, ou seja, dez vezes mais.

Quanto mais depressa o ser humano perceber que o consenso grupal e o trabalho em conjunto são as únicas condições para melhorar este mundo, melhor será para ele.

Sem camisinha nada feito

Apesar da extensa publicidade que se faz atualmente em relação à AIDS, mal sem cura, mais conhecida como "doença do século", é cada vez maior o número de pessoas contaminadas. Isso ocorre graças à péssima mania do ser humano de considerar que coisas ruins só acontecem com os outros. Ledo engano. Não paguem para ver porque o custo deste aprendizado, além de ser muito alto, é valioso demais porque estamos falando de nossas próprias vidas.

Atualmente as pessoas mais contaminadas pela AIDS são as mulheres e sabem por quê? Simplesmente os próprios maridos transmitem a doença através de relações extraconjugais.

Portanto, ouçam com atenção: sem camisinha nada feito, porque fatalmente deixará seus parentes numa situação muito difícil. Não somente pela sua ausência, porque a morte será inevitável, mas pelos cuidados especiais que terão que tomar para não contaminar outras pessoas e também pelos enormes gastos necessários para com o seu infrutífero tratamento.

Cachorro mordido por cobra tem medo de lingüiça

Diante da situação de completa insegurança que o ser humano está vivendo atualmente, principalmente quem reside nas grandes cidades e já teve alguma experiência desagradável (roubos, assaltos a mão armada, raptos etc.), cada vez está ficando mais cuidadoso e desconfiado de todos que dele se aproximam na rua. Mesmo que seja apenas para pedir uma simples informação.

Muito ajuda quem pouco atrapalha

É muito comum o ser humano não conseguir realizar alguma tarefa a ele destinada, porque alguém ficou o tempo todo atrapalhando.

O simples fato de parar de atrapalhar quem está trabalhando ou realizando alguma coisa é, por si só, uma grande ajuda. Portanto, quem não quiser fazer nada, pelo menos não atrapalhe aqueles que estão tentando fazer.

Ninguém pode fazê-lo sentir-se inferior sem o seu consentimento

Todo ser humano tem o seu "livre-arbítrio", que nada mais é do que a sagrada condição de decidir, por si só, o que pensar, o que ser ou o que fazer ou alguma coisa que desejar.

É justamente por essa razão que não existe ninguém neste mundo capaz de fazer o outro sentir-se inferior perante qualquer coisa, sem o seu consentimento, sem a sua autorização. Sabem por quê?

Porque, se não quisermos, ninguém poderá nos influenciar neste mundo.

ಏಲಏಲಏಲಏಲಏಲಏಲ

Quanto mais eu conheço os homens, mais gosto dos animais

Enquanto os animais não fazem nada de mau e, quando o fazem, é apenas para se defender, o homem vive ameaçando os outros com toda sorte de atitudes e finalidades. O que é pior, sempre no sentido de prejudicar, nunca para ajudar.

É muito lógico que as pessoas procurem ter cada vez mais animais de estimação em sua casa, porque além de oferecerem menos risco são muito mais confiáveis.

ಏಲಏಲಏಲಏಲಏಲಏಲ

O igual sempre atrai os iguais

Na medida em que o ser humano cresce, seja física ou espiritualmente falando, tem a oportunidade de escolher as pessoas com quem irá se relacionar.

A tendência sempre será de se relacionar com pessoas do seu meio, que possuam os mesmos hábitos, com estilo de vida semelhante ao seu, para se sentir mais confortável e seguro.

Se uma pessoa teve má formação, nunca trabalhou na vida, vive em jogatinas e passa as noites fora de casa, provavelmente se sentirá bem quando estiver próximo de alguém que tenha o mesmo modo de vida, porque, mesmo que queira, não conseguirá mudar seus hábitos.

Em compensação, se for uma pessoa com bom emprego, que estudou em boas escolas, situação financeira estável e, principalmente, razoável crescimento espiritual, automaticamente passará a selecionar as que farão parte de seu relacionamento, porque, assim, sempre estará procurando o melhor para si e seus familiares.

Mulher chique fica bem em qualquer trapinho
(Dener Pamplona de Abreu, estilista paraense—1936-78)

Segundo o dicionário, mulher chique é elegante no trajar, bonita, enfeitada e muito atraente.

Se uma mulher se enquadrar nestes adjetivos, alguém vai duvidar que ficará bem vestindo roupa comum, daquelas compradas em lojas de liquidação por um preço adequado ao seu orçamento? Claro que não, afinal de contas, nestas alturas, a roupa será apenas mero complemento porque quem chamará a atenção será sempre a própria mulher, independentemente do valor da roupa que estiver usando.

Uma árvore se conhece pelos frutos

Se o ser humano pudesse conhecer de perto a árvore que produziu os frutos que normalmente são vendidos nos supermercados, nas quitandas ou nas feiras livres, poderia constatar, facilmente, que se tratam de árvores, fortes, resistentes, saudáveis, bem vistosas e especialmente cuidadas pelos agricultores para dar bons frutos.

Fazendo uma associação com nossos filhos, se tivermos muito cuidado ao adotar um critério de vida pautado na justiça, honestidade, hombridade, bons costumes, boas ações e prepará-los para a sociedade e não para nós, fatalmente estaremos produzindo bons frutos, a exemplo das árvores cultivadas.

Nada nasce do nada
(Epicuro, filósofo grego, 341-270 a.C.)

Para que algo possa acontecer ao ser humano, seja de bom ou de ruim, é preciso que ele tenha sua parcela de participação, mesmo de forma muito simples.

Se não fizer nenhum esforço para crescer, profissional ou particularmente, para conseguir novos amigos, estudar, enfrentar novos desafios e desenvolver-se, espiritualmente falando, não irá conseguir absolutamente nada na vida.

Seria a mesma coisa que ficar sentado na beira de uma estrada, esperando pelo nascimento de uma árvore frondosa, cheia de frutos, usufruindo de sua sombra, sem nada oferecer-lhe em troca.

Um raio nunca cai duas vezes no mesmo lugar

Embora o planeta Terra seja formado por apenas duas partes de terra, enquanto a água equivale a três partes, este espaço é muito grande, diria até, enorme.

Diante disso é que se afirma que o raio nunca cai duas vezes no mesmo lugar, porque, matematicamente falando, a probabilidade de isso ocorrer é quase nula, a não ser que seja num lugar especialmente preparado, como os pára-raios, instalados nos edifícios para atrair raios ou faíscas, absorvê-los e levar para baixo do solo, tornando-os inofensivos.

Com o ser humano ocorre a mesma coisa, dificilmente um problema o atingirá mais de uma vez. Portanto, tenham muita paciência para resolvê-los.

De grão em grão, a galinha enche o papo

Um dos alimentos preferidos da galinha é o milho. Ela se alimenta ingerindo um grão de cada vez, até seu papo encher.

Algo semelhante ocorre quando o ser humano aprende a guardar pequena parcela de seu salário por determinado tempo. Ao final deste tempo, que poderá ser a longo prazo, terá conseguido guardar um valor razoável para ser aproveitado em coisas que, provavelmente, irá necessitar no futuro, por exemplo para pagar a escola dos filhos, afinal de contas... quem guarda tem.

ಐಖಐಖಐಖಐಖಐಖಐ

Uma resposta branda aplaca a ira, mas uma palavra ofensiva provoca a cólera

Infelizmente, o ser humano ainda não aprendeu a utilizar com sabedoria, clareza e equilíbrio a condição mais importante que possui para se desenvolver espiritualmente: saber aplicar em cada momento de sua vida o potencial de razão e de emoção que possui.

Tornou-se muito comum observar discussões no trânsito, pelos motivos mais fúteis e ridículos, em função da resposta agressiva que um dos motoristas acaba proferindo ao ser interpelado pelo outro.

Se o motorista reconhecer o erro que praticou e ficar quieto, sem responder, ou pedindo desculpas, provavelmente não acontecerá nada e cada um seguirá seu próprio caminho. Se ao contrário, um dos motoristas responder com agressividade, fatalmente criará uma situação muito ruim, com conseqüências inesperadas, às vezes até provocando mortes estúpidas.

Sabemos perfeitamente que controlar as emoções não é tarefa das mais fáceis. Entretanto, pelo menos nestas ocasiões em que tenhamos pela frente um indivíduo muito nervoso e até descontrolado, o melhor a fazer é simplesmente ficar quieto e agüentar. Se tiver de responder, que o faça de forma que sirva para desarmar o contendor e não para incentivá-lo à violência.

Isso serve para todos os momentos da vida, quer seja no relacionamento com nossos superiores, filhos, parentes, amigos etc. Façam um esforço nesse sentido, mesmo que seja muito difícil porque, dependendo da situação, poderá salvar a sua própria vida.

Um é pouco, dois é bom e três é demais

Este provérbio geralmente é utilizado quando o assunto é filhos.

Quando se tem apenas um filho, os pais têm de suprir a ausência de um companheiro para ele, o que, diga-se de passagem, nem sempre é possível pelos inúmeros afazeres que possuem. Isso acaba ocasionando uma criação um pouco solitária do filho, podendo até afetar sua personalidade, porque será objeto da atenção total dos pais. Nesses casos, os pedidos dele serão quase sempre atendidos.

Ao nascer o segundo filho, irá perceber que as dificuldades crescerão assustadoramente, não só no aspecto financeiro propriamente dito, mas também em relação às preocupações de cuidar de duas crianças ao mesmo tempo, com todas as dificuldades que temos. Atualmente, com desemprego em massa, diminuição do poder aquisitivo, falta de segurança, escolas insuficientes etc., torna-se praticamente inviável o terceiro filho. Daí o provérbio espelhar muito bem esta situação.

A cada dia que passa adquirimos mais experiências, que se transformarão nas reservas do amanhã

Todos os dias, o ser humano tem a oportunidade de adquirir novas experiências, através das lições que a vida oferece.

Conhecidas como "reservas internas", permitem no futuro que os problemas sejam enfrentados com maior tranqüilidade, muito equilíbrio e grande sabedoria, porque, de uma forma ou de outra, já se terá convivido com a maioria deles, quer seja vivenciando ou através de terceiros.

Os cães ladram e a caravana passa

Apesar de o ser humano estar sempre procurando chamar a atenção para algumas situações calamitosas que estamos enfrentando atualmente, como por exemplo a degradação sistemática do meio ambiente, a poluição contínua dos nossos rios e mares, a diminuição das áreas para plantio e a falta de empregos para absorver a mão-de-obra jovem, que não tem onde trabalhar, não estamos percebendo nenhum movimento mais sério, principalmente por parte das autoridades competente, para tentar reverter esta situação.

Será que não está na hora de os povos se unirem para discutir e analisar seriamente esses problemas que afligem toda a humanidade, ou será que preferem que o povo continue gritando palavras ao vento, sem ser ouvido, a exemplo dos cachorros que ficam latindo o tempo todo atrás de portões fechados, sem conseguir sequer assustar os ladrões?

Aqui se faz, aqui se paga

Muito se engana o ser humano que imagina ser a morte o fim de todos os seus problemas, porque nem ela conseguirá salvar aqueles que roubam, matam ou prejudicam outras pessoas.

É justamente por isso que todo ser humano deve tomar o máximo cuidado na forma de agir, porque o que fizer de errado aqui na Terra, com toda certeza terá que pagar, quer seja aqui ou em qualquer outro lugar.

༺༻༺༻༺༻༺༻༺༻༺༻

Crianças são mensagens vivas que mandamos para um tempo que não veremos
(Neil Postman, professor e escritor americano)

Mensagem é uma espécie de comunicação que enviamos a terceiros, contendo informações de diversos tipos, tais como datas importantes, convites ou até mesmo cobrança de algo ou alguma coisa. Poderá ser verbal, escrita, visual e sempre deve conter um texto curto e bem explicativo para não deixar dúvidas e, principalmente, poder atingir seu objetivo.

Entretanto, existe outro tipo de mensagem, desta vez endereçada ao mundo, que todo ser humano costuma enviar, às vezes até sem saber, que são os filhos.

De fato, eles são o retrato de uma família que vai se perpetuando. Se o ser humano conseguir dar aos seus filhos e respectivos netos muito amor, carinho, dedicação e, sobretudo, exigir responsabilidade, fatalmente estará enviando ótima mensagem para o futuro.

Caso contrário, terá fracassado duas vezes, uma como pai e outra como avô e, o que é pior, talvez não esteja vivo para saber.

༺༻༺༻༺༻༺༻༺༻༺༻

Não adianta lutar contra a maré

Há certas situações na vida do ser humano em que as coisas não dão certo. Tudo que realiza acaba dando errado ou de forma totalmente diferente da que gostaria que ocorresse.

Quando isso acontecer, não adianta lutar contra a maré, ou seja, ficar esquentando a cabeça. O ideal, neste caso, é deixar passar um pouco de tempo, até que as coisas voltem ao normal, porque este é o caminho natural das coisas.

Maridos ciumentos induzem as mulheres à traição porque a transformam em tema permanente. Quando se fala muito em comida, dá vontade de comer
(Alberto Goldin, psicanalista argentino)

Uma das piores coisas que existem é marido ciumento, daqueles que não deixam sua mulher sair de casa, mesmo que seja para ir à padaria comprar pão.

O que eles não sabem é que, agindo desta maneira, só estarão salientando as boas qualidades dela e isso, por si só, já será bom motivo para atrair a atenção de outros homens, que se sentirão impulsionados para um novo desafio que será a conquista daquela mulher.

Ela, por sua vez, cansada de tanto sofrer, acabará até incentivando esta situação, nem que seja para atingir o marido, criando, como conseqüência, grandes possibilidades de a aventura dar certo.

É mais ou menos o que ocorre quando alguém fica falando de comida o tempo todo. Automaticamente, acabaremos tendo fome, mesmo que não seja a hora de comer.

Não julgues para não serdes julgado

Não bastasse ao ser humano o péssimo hábito de criticar os outros pelo que dizem, ainda o faz pelos atos que praticam.

Se cada um procurar entender que as pessoas julgadas hoje serão os julgadores de amanhã, certamente pensaria duas vezes antes de criticá-las, porque amanhã os papéis estarão invertidos e, com toda certeza, será tratado da mesma maneira.

O amor é cego e cega
(ditado alsaciano)

Apesar de ser difícil de entender e até de acreditar, é muito comum se constatar a existência de casais com formações completamente diferentes.

Moça loira com rapaz negro. Japonesa com brasileiro. Homem alto com mulher baixa e vice-versa, mulher com idade avançada com jovem de 20 anos e até o que muitas pessoas rejeitam, que é o amor de homem com homem ou de mulher com mulher.

O que mudou para que isso pudesse acontecer, se até bem pouco tempo atrás, algumas raças não admitiam de jeito nenhum a união com pessoa de outras nacionalidades?

Só existe uma explicação: o amor, que finalmente foi liberado nas pessoas, suplantando essas proibições, quer fossem pela preservação da raça, dos costumes, dos aspectos morais, físicos ou até mesmo pela simples aparência.

É a substituição da beleza externa pela interna. É o desabrochar de um sentimento até então oculto, com plenas condições de enfrentar a tudo e a todos, provando que o amor é cego e cega.

É perdoando que se é perdoado
(Oração de São Francisco)

Este provérbio simboliza que todo ser humano é digno de perdão, independente do que fez de errado, porque não compete aos seres humanos julgá-lo, mas sim ao "Ser Maior".

Como nesta vida tudo é uma questão de troca, se perdoar alguém hoje, com toda certeza, terá boa chance de o mesmo acontecer com você amanhã.

Não devemos nos preocupar com coisas que não nos compete resolver

O ser humano tem o péssimo hábito de meter-se em encrencas porque sempre está querendo resolver os problemas dos outros.

Quantas vezes acaba se tornando inconveniente, porque se intromete na vida de outras pessoas, mesmo não sendo chamado, e fica o tempo todo dando palpites para a solução do problema. Será que não está na hora de cada um começar a preocupar-se primeiro com seus próprios problemas, ao invés de ficar tentando resolver os dos outros? Será que a tão falada ajuda não deve limitar-se, apenas e tão-somente, a mostrar as diversas alternativas que existem e deixar que cada um resolva da melhor maneira possível?

Afinal de contas, de que adiantará ficar extremamente irritado quando o dia amanhecer chovendo, quando na verdade gostaria que fizesse sol, se não compete a ele julgar o que é bom para a humanidade?

Não existe mulher feia. O que existe é mulher mal produzida

Não só pela quantidade de produtos de beleza existentes, mas também e principalmente pela beleza interior de cada um, podemos afirmar, sem o menor medo de errar, que não existe mulher feia. O que há, na verdade, é mulher mal produzida, porque, independente da raça e da própria situação econômico-financeira, uma pequena modificação nos cabelos ou retoque na pintura do rosto, com toda certeza, produzirá uma alteração tão grande que sempre chamará a atenção. Não custa tentar.

Somente podemos dar o que temos de sobra

O ser humano costuma dar donativos em dinheiro, às vezes até muito generosos, mesmo sem ter condições para isso, talvez julgando que, com esta atitude, agradará a Deus.

Ledo engano. A pessoa só pode dar alguma coisa se tiver de sobra. Tirar comida da boca de seus filhos para dar aos outros, por exemplo, não vai adiantar absolutamente nada, porque cada tem aquilo que merece. Provavelmente o meio escolhido por ele mesmo para pagar o que fez em vidas passadas.

É justamente por esta razão que o ser humano deverá, em primeiro lugar, satisfazer as suas necessidades e as dos seus para depois dar aos outros o que sobrar.

Quem semeia vento colhe tempestade

O ser humano sabe muito bem que uma planta para nascer, crescer e dar bons frutos precisa de boa semente, bom adubo, ser regada constantemente e de muitos cuidados especiais.

Em relação ao ser humano ocorre a mesma coisa. Na medida em que plantar coisas boas no ambiente em que vive, quer seja na empresa, em casa ou em qualquer lugar, sempre terá grandes possibilidades de colher bons resultados, exatamente igual aos frutos de uma árvore bem tratada.

Lembrem-se sempre que quem semeia coisas ruins fatalmente colherá frutos ruins, porque quem semeia vento... colhe tempestade.

Não podemos consertar o mundo com as mãos

O ser humano é por natureza muito crítico e, como conseqüência, extremamente reformista, querendo alterar tudo que vê.

Existem certas situações que, por mais força de vontade que possua, não conseguirá resolver, porque, além de não ser de sua competência, é praticamente impossível encontrar a solução.

Fazer com que todos os habitantes de uma cidade passem a cuidar da limpeza, não jogando papel, ponta de cigarro ou até mesmo cuspindo no chão, é um bom exemplo do que estamos falando e é justamente por isso que devemos apenas fazer a nossa parte, para depois tentar ajudar os outros, se é que teremos tempo para isso.

Nossas experiências vividas são a biografia dos nossos erros

Todo ser humano sabe muito bem que quando está realizando algo ou alguma coisa que por qualquer motivo não está dando certo, ou então que não está saindo de acordo com o esperado, na verdade está angariando experiências que serão muito úteis no futuro, porque se aprende mais errando do que acertando.

Isso ocorrerá porque aprenderá a ter persistência, força de vontade e paciência para enfrentar novos desafios que certamente advirão futuramente.

É justamente por isso que nossas experiências vividas serão representadas pela biografia dos nossos erros. Será o registro de todos os erros que cometemos, que servirá de base para evitá-los no futuro.

Antes eles chorarem do que nós

Por inúmeras vezes tenho presenciado alguns pais cometerem verdadeiras loucuras só para satisfazer a vontade de seus filhos, por ocasião do Natal, do aniversário ou do Dia das Crianças.

Não sei bem se agem desta forma simplesmente para atender aos filhos, se é para mostrar aos outros que gostam muito deles ou então que podem comprar o que eles querem. Só sei que, às vezes, acabam gastando tanto que chegam até a comprometer o orçamento familiar.

Não seria melhor se falassem a verdade para os filhos, explicando que não podem comprar o presente desejado para não comprometer o orçamento ou para não deixar de adquirir coisas mais importantes que podem beneficiar toda a família? Um passeio ou a compra de um fogão novo, por exemplo?

Será que agindo desta forma não seriam mais honestos com seus filhos, porque, antes de qualquer coisa, os estariam preparando para situações parecidas, que certamente terão de enfrentar algum dia?

Por outro lado, existem algumas situações em que, através de provérbios parecidos "Antes eles do que nós" e "Antes ele do que eu", o ser humano consegue demonstrar todo o seu egoísmo, em relação ao próximo, principalmente quando está diante de alguma coisa desagradável que aconteceu com um vizinho, parente, amigo ou até mesmo desconhecido. Uma batida de automóvel, um tombo e um ano letivo repetido na escola são bons exemplos.

Não saberia dizer quantas vezes já ouvi estas expressões "Antes ele do que eu" ou "Antes eles do que nós", mas que existem em grande quantidade e em inúmeros exemplos, ninguém pode negar e, o que é pior, sempre pelo lado pejorativo.

Ajuda-me que eu te ajudarei

Este provérbio, segundo algumas pessoas, vem diretamente do "Ser Maior". Deveria servir de incentivo para muitas pessoas.

Ocorre que o ser humano ainda não se apercebeu do real significado destas palavras e, infelizmente, continua se preocupando apenas em ajudar as pessoas que, de uma forma ou de outra, poderão retribuir o favor recebido.

É uma pena que continuem a pensar dessa forma porque na medida em que o ser humano se dispuser a ajudar os outros, sem preocupar-se com eventuais retornos, na verdade estará ajudando a si próprio, porque o crescimento espiritual e a sensação de ter ajudado alguém serão de muita valia.

Com o passar do tempo e na medida de sua necessidade, com toda certeza ele também será ajudado.

A semente do amor precisa ser eternamente replantada
(Anne Morrow Lindberg — escritora americana)

Torna-se absolutamente fundamental que em qualquer relação com alguém, seja amigo, namorada, esposa, filhos, irmãos, pais, avós etc., haja muito amor e que seja constantemente mudado, justamente para não correr o risco de terminar de uma hora para outra por inércia, ou seja, por falta de qualquer manutenção.

O amor para durar tem de ser tratado igual a uma planta. De vez em quando tem que ser replantado e constantemente regado para não morrer.

Água mole em pedra dura tanto bate até que fura

O ser humano poderá perceber facilmente o real significado deste provérbio quando estiver na praia e observar as deformações feitas nas pedras pela batida da água do mar. A água, apesar de ser líquida e frágil, quando bate insistentemente e por muito tempo nas pedras, que são duras e resistentes, sempre acaba fazendo muitos buracos.

Este é o espelho de nossa vida. Sempre temos de ser insistentes para conseguir atingir nossos objetivos na vida, por maiores que sejam os desafios a vencer.

Faça o que eu digo, mas não faça o que eu faço

O ser humano costuma agir de forma completamente diferente do que prega, principalmente quando se trata de pais que obrigam seus filhos a agir corretamente.

Aos filhos, por exemplo, pregam que precisam relacionar-semuito bem com os colegas da escola, estudar muito, trabalhar bastante etc., enquanto eles não se relacionam com ninguém, vivem brigando com todo mundo, não querem estudar de jeito nenhum, mesmo que por apenas alguns dias da semana para melhorar o desempenho profissional. Enfim, fazem exatamente o contrário do que deveriam.

Que tal aproveitarem a oportunidade para fazer uma reflexão a respeito, pelo menos na revisão de alguns conceitos que usam atualmente?

A vingança só leva à autodestruição

Muito embora a vingança seja um sentimento que acabe impulsionando o ser humano para a frente, pelo menos durante certo tempo, porque sempre estará buscando alternativas para executá-la, é um sentimento muito pobre, que não irá acrescentar absolutamente nada ao seu desenvolvimento espiritual.

Além de ruim e destrutiva, a vingança, ao ser efetivada, não deixará mais nada no ser humano, que despendeu longo tempo na preparação. Provavelmente, ele já terá esquecido de todos os outros sentimentos que são indispensáveis à sua própria existência.

Não deixes para amanhã o que podes fazer hoje

Às vezes, por alguma dificuldade, mesmo que muito simples de ser resolvida, o ser humano acaba deixando de fazer alguma coisa no momento que precisa, preferindo deixar para o dia seguinte.

Claro que, dependendo do que se trata, poderá perfeitamente adotar tal prática sem prejuízo algum para si ou para as outras pessoas. Entretanto, na vida real, não é sempre assim que ocorre porque, na maioria das vezes, as coisas têm de ser feitas no mesmo dia, senão na mesma hora.

O mal maior em agir dessa forma é o perigo de se acostumar e passar a transferir tudo para o dia seguinte, mesmo sem necessidade. Afinal de contas, o uso do cachimbo faz a boca torta.

O sofrimento de hoje servirá de base para suportar os problemas de amanhã

O ser humano só consegue aprender de duas formas: pelo amor ou pela dor. Como o amor é uma demonstração de carinho e afeto que poucas pessoas se dispõem a dar e outras tantas a receber, acaba restando somente a segunda alternativa.

O que serve de consolo é que este sofrimento servirá de base para enfrentar problemas maiores, que certamente advirão no futuro.

Pense por si mesmo e dê às outras pessoas o direito de fazer o mesmo

O ser humano tem a péssima mania de se meter na vida dos outros, muito mais para influenciar, para impor as suas idéias, como se fossem as melhores que existem, do que para ajudar.

Quando isso ocorre no âmbito profissional, um médico ou um psicólogo, por exemplo, que se intrometem na vida de seus pacientes para dar "alguns conselhos", ainda é aceitável porque faz parte de sua atividade. Entretanto não é o que ocorre na maioria das vezes.

As pessoas se intrometem na vida dos outros sem a menor cerimônia e ficam dando palpites sobre determinado assunto que, na maioria das vezes, não sabem nem do que se trata. Ao invés de ajudar, acabam atrapalhando mais ainda.

Que tal pensar apenas em seus problemas e deixar o dos outros com eles mesmos? Ou será que Deus, em sua infinita misericórdia, deu a inteligência e a capacidade de pensar só para algumas pessoas?

❦❦❦❦❦❦

Toda árvore boa dá bons frutos. Toda árvore má dá maus frutos

Existem dois tipos de árvores: cultivadas e não-cultivadas.

As primeiras são aquelas que desde a sua plantação, seja através de uma semente ou de uma muda, recebem tratamento especial. Terra boa, adubo, água, remédios contra bichos e pragas, proteção física e principalmente muito carinho. Esta árvore, com toda certeza, dará bons frutos.

As não-cultivadas, quase sempre originadas por mero acaso, crescerão praticamente sem nenhuma proteção, sem ajuda, sendo molhada apenas pela água da chuva e sofrendo toda sorte de intempéries, sol, ventos, geadas etc. Provavelmente dará frutos pequenos, mirrados e sem nenhum gosto.

Com o ser humano ocorre a mesma coisa.

Se um pai tratar seus filhos sempre com muito respeito, atenção e carinho, orientando e incentivando constantemente para serem pessoas educadas, gentis, estudiosas, cumpridoras de seus deveres, tratar os outros sempre com muito respeito e carinho, fatalmente dará bons frutos. Caso contrário, a exemplo das árvores não-cultivadas, se transformarão em maus frutos.

Quem pouco fala, pouco erra

O ser humano só erra quando faz alguma coisa. Quem nunca fala ou faz o que é preciso, nem que seja para ajudar os outros, provavelmente nunca vai errar.

Em compensação, agindo desta maneira, nunca falará o que sente nem tampouco fará o que é preciso.

Ser gentil e prestativo com os outros não custa nada

Se o homem pudesse avaliar o enorme retorno que recebe sendo gentil e prestativo com as pessoas, mudaria completamente seu modo de pensar. Um simples cumprimento, um favor um a amigo, uma pequena ajuda ao idoso ou deficiente visual para atravessar a rua, ou até mesmo uma pequena informação, quando solicitada, são exemplos do que é ser útil ao próximo.

Agindo desta forma, só o pensamento positivo que a ajuda recebida produzirá já terá valido a pena.

꽁꽁꽁꽁꽁꽁꽁꽁꽁꽁꽁

A paciência é a arte de ter esperança
(Marquês de Vauvernagues — Ensaísta francês — 1715-47)

A paciência é, sem a menor sombra de dúvidas, uma das primeiras virtudes que o ser humano deve alcançar para tornar-se razoavelmente equilibrado.

Ela é a arte de saber esperar algo ou alguma coisa e isso poucas pessoas conseguem fazer hoje em dia.

Algumas dizem que um indivíduo paciente é fraco, não reage, não tem a agressividade necessária para enfrentar as coisas da vida etc., mas a verdade não é bem essa. A realidade é que um indivíduo paciente tem a seu favor a condição de pensar por mais tempo, raciocinar, encontrar a melhor alternativa possível e, como conseqüência, errar menos, o que é uma vantagem muito significativa.

꽁꽁꽁꽁꽁꽁꽁꽁꽁꽁꽁

De graça até injeção na testa

Este provérbio é utilizado para justificar que qualquer coisa que o ser humano ganha, ou seja, sem que tenha que pagar absolutamente nada, nem tampouco despender nenhum esforço físico ou mental, sempre será bem-vinda e plenamente agradecida, mesmo que seja uma injeção na testa.

꽁꽁꽁꽁꽁꽁꽁꽁꽁꽁꽁

"Eis aqui um teste para verificar se a sua missão na Terra está cumprida: se você está vivo, ela não está"

Todo ser humano sabe, ou melhor, deveria saber, que está neste mundo para cumprir uma missão que, ao que tudo indica, foi ele mesmo quem escolheu.

Desta forma, o simples fato de ainda estar vivo significa, simplesmente, que sua missão ainda não terminou aqui na Terra. Portanto, mãos à obra e procure realizar algo de bom e útil na sua vida, lembrando sempre que apenas as suas ações ficarão depois de sua passagem desta para uma vida melhor.

ಜ಼ಀಜ಼ಀಜ಼ಀಜ಼ಀಜ಼ಀಜ಼ಀ

Há males que vêm para o bem

Se o ser humano tiver a necessária curiosidade, força de vontade e principalmente muita paciência e sabedoria para analisar com calma o que aconteceu, mesmo que, a princípio, possa julgar que tenha sido prejudicial, irá constatar que, na verdade, não o foi.

Com o passar do tempo, poderá constatar que aquilo que julgava ruim, de uma forma ou de outra, acabou sendo bom, mesmo que tenha sido a perda do emprego, batida do carro ou mesmo doença em família.

Em qualquer situação, sempre terá plenas condições de aprender alguma coisa e caso não tenha a necessária coragem de tomar alguma decisão, alguém "lá de cima" com toda certeza tomará por ele.

O final será sempre benéfico. Quem viver verá.

ಜ಼ಀಜ಼ಀಜ಼ಀಜ಼ಀಜ಼ಀಜ಼ಀ

Quem não sabe o que procura, não entende o que encontra

Quantas vezes o ser humano sai por aí à procura de algo ou alguma coisa, seja no âmbito profissional ou pessoal, sem saber, na verdade, o que procura.

Um emprego, é um destes exemplos.

É muito lógico uma pessoa trabalhar para ganhar dinheiro, pagar seus estudos, suas dívidas. Entretanto, deverá sempre ter em mente onde trabalhar e o que quer fazer, porque se assim não for acabará aceitando o primeiro que aparecer pela frente, podendo até trazer grande satisfação no presente, mas, com toda certeza, se transformará num problema futuro, principalmente se descobrir que perdeu tempo trabalhando num lugar diferente do que gostaria.

É justamente por isso que deve saber muito bem o que procurar na vida.

Quantidade não é qualidade

O ser humano quando jovem costumar sair com seus colegas e acaba tomando muitas cervejas, nem sempre para atender a uma satisfação própria, mas sim porque está na moda, deixando as garrafas vazias sobre a mesa, somente para mostrar a todos o quanto é capaz de beber.

Na medida em que envelhecer, seu organismo não conseguirá suportar tantas cervejas como antigamente e acabará tomando apenas algumas garrafas. Com o tempo aprenderá que na vida o que importa é sempre a qualidade do que fazemos e não a quantidade.

O caráter de um homem não reside na inteligência, mas sim no coração

Como se explica a existência de pessoas com inteligência acima da média, que cursaram as melhores escolas, originárias de boas famílias, ricas, com cargos importantes no mercado de trabalho e... sem nenhum caráter?

Em compensação, como explicar as extremamente humildes, de origem pobre, que jamais sentaram num banco escolar, às vezes até desempregadas e capazes de devolver um pacote de dinheiro encontrado na rua, mesmo sabendo perfeitamente que seria a solução de todos os seus problemas?

Caráter. Esta é a resposta correta. Felizmente ele não está associado à situação econômico-financeira, nem tampouco à idade de cada um, mas à forma como foi criado e educado para o mundo.

Do jeito que as coisas estão caminhando, logo teremos poucas pessoas ricas no mundo. Talvez seja um bom caminho para se conhecer realmente o caráter das pessoas, independentemente do que possuem.

A inveja é o sentimento mais pobre que existe em nossa vida

De todos os sentimentos que o ser humano possa sentir, a inveja é um dos piores porque, enquanto ele fica admirando e invejando o progresso dos outros, estará completamente inerte e, como conseqüência, obstruindo o seu próprio crescimento. A inveja só traz desânimo, desmotivação e paralisia na vida de todos.

A valorização da empresa se inicia obrigatoriamente pela valorização do ser humano

Os empresários, de forma geral, ainda não se aperceberam de que para uma empresa ser valorizada e reconhecida no mercado, deverão conseguir, em primeiro lugar, que o próprio ser humano seja valorizado. Funcionário motivado e feliz será sempre produtivo.

Infelizmente, quando o assunto é "valorização de funcionários", logo se associa a aumento de despesas em função das vantagens pecuniárias a serem dadas. Nem sempre isso é verdade. Falar em valorização de funcionário é, antes de qualquer coisa, falar em investimentos e não em despesas, já que se trata do patrimônio da empresa.

De que adianta uma empresa estar bem organizada, estruturada, contar com o que há de melhor em tecnologia de apoio, com suas instalações moderníssimas e atuar num mercado propício, se os funcionários que possui não têm nenhum incentivo para realizar o seu trabalho e poder crescer junto a ela?

Como devem proceder os empresários para valorizar seus funcionários e conseguir a valorização de suas empresas?

Em primeiro lugar, devem mostrar a todos os seus funcionários, indistintamente, quais são os reais objetivos da empresa e de que forma pretendem alcançá-los.

Em seguida, devem motivar seus funcionários a participar ativamente na conquista desses objetivos, através da adoção de algumas medidas, dentre as quais destacamos:

- adotar uma política permanente de austeridade na empresa, atingindo todos os níveis, sem exceção, somente se efetuando novos investimentos ou simples despesas após terem sido plenamente justificadas;

- os altos funcionários (presidente, vice-presidente, superintendente diretores, etc.) devem "circular" pela empresa de vez em quando, para verificar o que está ocorrendo e também para que os funcionários possam ao menos conhecê-los;

- demitir sumariamente os funcionários que cometerem atos ilícitos na empresa;

- eventuais dispensas de funcionários devem ser feitas de uma única vez para não criar clima desagradável, instável e pessimista;

- avaliação de cargos e salários comparada a empresas congêneres, para saber se estão enquadrados no mesmo nível do mercado;

- adotar um sistema de controle de ponto que atinja todos os funcionários da empresa, sem exceção;

- recrutar funcionários dentro da própria empresa, mediante uma seleção efetuada pela própria diretoria de RH em cadastro de funcionários atualizado semestralmente;

- proceder a uma avaliação semestral de todos os elementos que compõem o quadro de pessoal, dando aumentos espontâneos, quando merecidos, e também para que conheçam seus defeitos e possam corrigi-los;

- proibir a execução de horas extras em qualquer situação, a menos que absolutamente indispensáveis e sempre com a presença dos superiores;

- implantar um plano de treinamento para todos os funcionários, reciclando-os nas respectivas funções;

- obrigar os funcionários a sair de férias uma vez por ano;

- estabelecer um concurso de boas idéias premiando aquelas que trouxerem resultados positivos à empresa;

- incentivar o desenvolvimento dos funcionários através de bolsas de estudo, sorteadas em função da produtividade;

- estabelecer uma linha de crédito com juros menores que os do mercado para suprir eventuais dificuldades financeiras. Cada funcionário possui um passivo trabalhista que pode servir muito bem de garantia do pagamento;

- adotar o sistema de vale-refeição e vale-transporte;

- distribuir enxoval de bebê para as funcionárias ou esposas de funcionários quando estiverem grávidas;

- distribuir cesta básica ou tíquete alimentação aos funcionários;

- incentivar a participação em grêmios e associações para ter lugares mais acessíveis para passar suas férias;

- respeitar os funcionários em quaisquer situações, quer sejam diretores, gerentes, funcionários administrativos, operacionais técnicos, serviçais etc.

Enfim, existe uma infinidade de alternativas que fazem o funcionário sentir-se valorizado em suas funções e, como conseqüência, produtivo na empresa, sempre disposto a colaborar no que for possível para fazê-la crescer, e, principalmente, permanecer no mercado.

Trair e coçar é só começar

Quando o ser humano tem uma coceira, em qualquer parte do corpo, faz o possível para não coçar, porque sabe muito bem que, se começar, além de piorar as coisas, não vai adiantar absolutamente nada. Na maioria das vezes, apesar de todo esse esforço despendido, acabará não resistindo à tentação e fatalmente coçará o local, mesmo que superficialmente e somente por alguns instantes. Quando isso finalmente acontecer, colocará tudo a perder porque o difícil era só começar.

Na vida ocorre da mesma forma. As pessoas lutam e relutam com todas as suas forças para não trair ninguém, mas, quando isso acontece, possivelmente em função de sua fraqueza e falta de equilíbrio, correrão o sério risco de voltar a trair novamente. Difícil será sempre a primeira vez, as outras serão apenas questão de tempo e de oportunidade.

Não adianta descobrir um santo para cobrir outro

Imaginem só por um instante que existem duas estátuas, colocadas uma ao lado da outra, que precisam urgentemente de uma cobertura, mas só existe uma capa. Por mais que se deseje cobrir as duas, jamais será conseguido. É justamente por isso que terá que escolher apenas uma delas, deixando a segunda para outra oportunidade.

Existem certas situações na vida do ser humano que se assemelham muito a estas estátuas. Na medida em que tivermos de escolher entre duas alternativas, precisaremos ter o necessário discernimento e muita sabedoria para saber escolher, lembrando sempre que jamais poderemos adotar as duas ao mesmo tempo.

A melhor maneira de se comportar na vida é não se preocupar nem com o bem nem com o mal, mas com o dever

É impressionante como o ser humano tem se mostrado preocupado com as coisas, quer seja pela possibilidade de perder o emprego, ser assaltado, ficar doente, faltar dinheiro para pagar suas contas etc.

Entretanto, existe uma coisa com a qual ele realmente deveria preocupar-se, que é o cumprimento de seu dever como pai, marido, filho, irmão, ser humano etc. Esta sim é que deveria ser de fato sua preocupação diária, porque disso dependerá a continuidade de sua família e, por que não dizer, da própria espécie.

Cada ser humano tem de se adaptar à epoca em que vive

Este provérbio serve para alertar o ser humano que sempre deverá estar vivendo na época atual, sem levar em consideração o que aconteceu no passado.

Estou falando dos pais que teimam em querer criar seus filhos da mesma forma como antigamente, com muita dificuldade e sem nenhuma regalia.

Devem perceber que estamos em outra época e os filhos não têm nenhuma culpa de ter nascido agora, quando já conseguimos ultrapassar nossas dificuldades e estamos numa situação melhor e suficiente para proporcionar-lhes o que nos faltou.

Devemos nos adaptar a uma nova realidade para não viver no passado, deixando de aproveitar o presente.

ಶಿಞಶಿಞಶಿಞಶಿಞಶಿಞಶಿ

Acostume-se a agir corretamente para não ter arrependimentos futuros

De todos os pecados que o ser humano pode cometer, o arrependimento é, sem dúvida, o pior, porque sempre o fará retornar ao passado e de forma imutável.

Arrepender-se de algo ou alguma coisa que fizemos de errado ou que deixamos de fazer no passado é muito difícil porque não tem mais volta. Justamente por isso algumas pessoas preferem não voltar para discutir ou repensar coisas que já aconteceram porque só terão tristeza ou saudades.

Existe ainda o fato de que as decisões tomadas foram calcadas nos dados da época. Isso a considerar que se houve alguma decisão indevida não foi por falha nossa.

Algumas pessoas consideram que pensar desta forma é uma atitude muito cômoda, mas que é realidade ninguém pode negar, ou pode?

Transmitir as experiências possuídas é dever de todos

Não importa a idade do ser humano, condição física, grau de escolaridade, condições financeiras, nem tampouco o que faz para viver, o que vale é que sempre terá alguma experiência para transmitir aos outros, quer sejam colegas, parentes, amigos, enfim, a todos que o cercam.

Nunca deverá se preocupar por não possuir muita prática para fazer isso, basta apenas ter um pouco de boa vontade e querer ser útil ao próximo, que o resto virá com o tempo.

Cada um tem aquilo que merece

Enquanto para alguns tudo na vida é questão de sorte, para outros é só de azar.

Para aqueles que pensam desta forma, podemos afirmar com toda certeza e sem nenhum medo de errar que sorte ou azar não existe. O que há, na verdade, é apenas e tão-somente o merecimento de cada um, em função de sua forma de viver, de se relacionar com os outros, de cuidar de sua família, de suas ações praticadas e até mesmo do que realizou em vidas passadas.

Portanto, que tal utilizar um pouco de paciência e resignação para enfrentar os obstáculos que a vida coloca à sua frente?

Não existem homens perfeitos neste mundo, só intenções perfeitas

Dizem que o único homem perfeito que este mundo já teve foi "Jesus" e, mesmo assim, ninguém acreditou. O que é pior, deixaram-no morrer na cruz juntamente com ladrões da pior espécie.

Se analisarmos friamente este provérbio, vamos concordar plenamente com essa afirmação porque, sendo o homem sujeito a toda sorte de emoções possíveis e imaginárias, dificilmente conseguirá fazer algo ou alguma coisa sem se deixar envolver por suas emoções e, como conseqüência, decidirá as coisas segundo seu modo de pensar, o que, como sabemos perfeitamente, nem sempre é o correto.

Portanto, podemos afirmar, sem o menor receio de errar, que as intenções podem ser perfeitas, mas o homem não.

Diga-me com quem andas, que eu te direi quem és

O ser humano também é analisado em função das pessoas que costuma ter como companhia.

Se for uma pessoa muito boa, por exemplo, mas sempre estiver em más companhias, automaticamente será considerada como sendo uma delas, porque fatalmente acabará influenciada pela conduta delas.

Portanto, escolham muito bem suas companhias para evitar problemas futuros.

Você que chega agora e critica o que está feito, deveria ter chegado mais cedo e ajudado a fazer

É próprio do ser humano criticar tudo que já está feito, principalmente porque, com esta atitude, quer demonstrar certa "superioridade" em relação à pessoa que fez.

Tomará esta atitude não se expondo a nada, justamente porque invariavelmente a pessoa que está sendo criticada não terá condições de se defender nem de refazer o que já está feito.

Apesar de ser uma situação até certo ponto cômoda para quem critica, no fundo sempre será uma grande frustração por não ter realizado nada na vida, porque críticas só recebe quem faz alguma coisa.

Deus dá o frio conforme o cobertor

Falar em "Deus dá o frio conforme o cobertor" logo faz as pessoas pensar no que está escrito literalmente, ou seja, que na medida do frio automaticamente teremos também o cobertor.

Não é bem isso que este provérbio significa. O frio é apenas e tão-somente forma de se expressar, porque, na verdade, este provérbio trata de outras coisas em nossas vidas. O mais correto seria dizer "Deus nos dá a solução na medida de nossas necessidades", desde que, é claro, façamos por merecer.

Quantas vezes estamos passando por uma situação difícil, complicada e, aparentemente, insolúvel e, de repente, a solução aparece como que por encanto, de forma tão rápida que num segundo conseguimos resolver o problema que estava nos afligindo há muito tempo.

Será que estas coisas acontecem por pura sorte? É evidente que não porque sorte ou azar não existe. O que há é o merecimento de cada um.

Desta forma, só podemos creditar ao "Ser Maior" a solução de nossos problemas.

A pressa é inimiga da perfeição

Se o tempo gasto por uma pessoa para fazer uma coisa bem ou mal é exatamente o mesmo, então, por que não faz com calma e melhor para poder alcançar algo satisfatório e de acordo com suas expectativas, ao invés de fazer de qualquer forma, obtendo resultados que, provavelmente, deixarão muito a desejar e, na maioria das vezes, precisará fazer novamente?

Mais vale um vizinho próximo do que um irmão distante (*Bíblia*)

Dizem por aí que o primeiro que corre é sempre o vizinho.

De fato, o ideal é o ser humano sempre adotar política de boa vizinhança e fazer todo o possível para viver razoavelmente bem com seus vizinhos, porque provavelmente numa emergência qualquer o primeiro que irá socorrê-lo serão eles. Os familiares ou até mesmo os amigos nunca chegarão a tempo de evitar o pior.

Existem duas formas de causar prejuízo a uma empresa: sem querer e querendo. Qual delas é a pior alternativa?

Todos sabem perfeitamente que uma das formas de causar prejuízos às empresas é através de atos desonestos, tomados por funcionários pilantras, mau-caráteres, invejosos e descontentes com a empresa porque acham que trabalham muito.

Entretanto, existe outro tipo de prejuízo que o ser humano acaba causando às empresas de forma tão discreta que, às vezes, nem ele sabe que está causando. É o caso daqueles funcionários que não produzem, não resolvem, não decidem, não controlam, não cobram, enfim, deixam as coisas "rolar" somente, aguardando que algum dia alguém resolva o problema por eles.

Diria que, guardadas as devidas proporções, esta alternativa é a pior delas, porque, além do prejuízo que causam à empresa, vão incentivar os outros funcionários a fazer a mesma coisa, porque terão um péssimo exemplo a seguir.

ಬಲಬಲಬಲಬಲಬಲಬ

Mais fácil do que andar para a frente

Uma das primeiras coisas que o ser humano aprende na vida é andar. Quando finalmente consegue será sempre para a frente, principalmente porque, pela própria natureza, é insaciável e conquistador.

Na medida em que aprender a andar, nunca mais esquecerá, porque fazendo isso todos os dias, de forma tão automática, vai virar uma simples rotina de tão fácil que se tornará.

É exatamente igual ao ser humano que, de repente, percebe a importância de cumprimentar as pessoas quando chega ou se retira de algum lugar. No começo será um pouco difícil, mas, com os resultados alcançados, será tão fácil e rotineiro quanto andar para a frente.

ಐಐಐಐಐಐ

É como andar de bicicleta: aprendeu, jamais se esquece

O ser humano tem a péssima mania de considerar muito difícil algo ou alguma coisa que está fazendo pela primeira vez. Talvez até seja uma atitude tomada com o intuito de se defender antecipadamente, caso alguma coisa não dê certo, ou então para valorizar o que está fazendo.

Ocorre que, nesta vida, não existe nada difícil de ser realizado porque tudo é uma questão de se adaptar a uma nova realidade. Se voltarmos ao passado, com toda certeza vamos descobrir que já passamos por situações difíceis, talvez até piores do que as que estamos enfrentando atualmente. Aprender a andar, por exemplo, foi uma delas porque demorou quase um ano para conseguir.

É como andar de bicicleta. Difícil só no começo, depois vira rotina.

ಐಐಐಐಐಐ

Cada macaco no seu galho

O ser humano sempre deverá assumir seu verdadeiro papel e condição social na vida, jamais tomando um lugar que não é seu, como de seu chefe, por exemplo, principalmente se não estiver preparado para exercer aquela função.

É justamente por isso que se quiser melhorar de vida, terá que se esforçar muito e direcionar seus esforços para atingir seus objetivos de vida, pois só assim terá condições de sair do galho que está atualmente e pular para algo melhor.

※※※※※※※※※※※

Cachorro que late não morde

Este provérbio é dirigido a todos aqueles que vivem reclamando de tudo, falando alto e gesticulando muito por qualquer coisa de errado que lhe aconteça, por mais simples e corriqueiro que possa ser, principalmente se for chefe ou então mais forte fisicamente do que os outros que o rodeiam.

Basta o menor gesto de reação das pessoas que se sentem atingidas, quer seja através de fortes argumentos ou até mesmo de uma reação física, para que imediatamente ficam quietos, recolhendo-se estrategicamente a um canto qualquer, só esperando que as coisas se acalmem, para voltar a ser o que eram antes.

Exatamente como um cachorro que fica latindo atrás das grades o tempo todo. Na medida em que for solto e se vir ameaçado, ficará quieto e se recolherá a um lugar seguro.

É justamente por isso que o ser humano tem de ter muito mais medo daqueles que permanecem calados do que de quem fica ameaçando o tempo todo.

※※※※※※※※※※※

Viajar profissionalmente só é bom para quem nunca viajou

Uma viagem a negócios é exatamente ao contrário de quando se está a passeio, caracterizada por descontração, sem horários nem preocupações para nada.

Quem viaja a negócios estará representando sua empresa e, como tal, será julgado por isso.

Apesar de ser visto por outras pessoas como se fosse uma viagem de oportunidade, em que o lazer será sempre uma constante, na verdade, não é bem assim que ocorre, muito pelo contrário.

É sempre pautada de muita agonia e sofrimento, principalmente quando a pessoa estiver sozinha, a menos que seja efetuada por pessoas completamente destituídas daquele sentimento de profissionalismo, próprio dos grandes homens.

Quem não acreditar e quiser confirmar, que se habilite.

Não adianta dar murro em ponta de faca

Existem alguns seres humanos que, por maior boa vontade que possamos ter, jamais conseguimos mudar sua opinião.

É assim como se tivéssemos colocado uma faca com a ponta voltada para cima e déssemos alguns murros para tentar enfiá-la na terra.

O máximo que conseguiremos é machucar a mão, porque perfurar a terra não vamos conseguir.

Isso serve de exemplo para as pessoas que querem ajudar os outros e estes não querem aceitar. Neste caso, deverão deixar que eles mesmos entendam, por si só, as coisas da vida.

O resultado para eles será muito pior, porque aprendendo sozinhos com toda certeza irão demorar um pouco mais.

O valor do presente não está naquilo que se dá ou faz, mas na intenção de quem o deu ou fez

(Sêneca, 4 a.C. - 45 d.C., filósofo que viveu em Roma e foi preceptor do imperador Nero — 37-68)

Tornou-se muito comum o ser humano ficar insatisfeito com algum presente simples que, à primeira vista, não tem muita serventia, que ganhou de alguém que retornou de uma viagem.

Imaginem, só por um instante, uma pessoa ter viajado para a Itália, por exemplo, país onde se produz um dos melhores vinhos, as gravatas mais lindas, lenços de seda femininos que fariam inveja a qualquer mulher e, no entanto, traz de presente um enfeite de geladeira, da Torre de Pizza, aquela que está torta e, segundo dizem, pode cair a qualquer momento.

Existe um fato incontestável e que não se pode negar: ninguém é obrigado a trazer nada para os outros. Se o fazem, é por sua livre e espontânea vontade.

Um enfeite de geladeira, apesar de ser um presente muito pequeno, de pouco valor, significa que a pessoa que foi viajar, ao visitar aquele local, quis trazer uma pequena lembrança, assim como se naquele momento quisesse dividir sua alegria com outra pessoa.

Se isso acontecer com você, algum dia, jamais reclame. Afinal de contas, ninguém tem obrigação alguma de conhecer seus gostos, nem terá dinheiro de sobra para trazer "lembrancinhas" para todos. Além do mais, pior seria se não tivesse trazido nem mesmo um enfeite de geladeira.

No amor, não existe tu nem eu, mas sim, nós

O ideal do ser humano, quando fala de amor, é sempre pensar em duas pessoas ou seres vivos, como queiram.

Infelizmente, quando falamos de amor as pessoas logo ficam imaginando uma "relação sexual", porque ele está muito relacionado a isso.

Ocorre que fazer amor não é necessariamente fazer sexo. Fazer amor é muito mais do que isto. Fazer amor é se doar, é praticar alguma coisa de bom, é relacionar-se bem com as pessoas, é ajudar os mais necessitados.

Na medida em que o ser humano aprender a usar o "nós" ao invés do "eu", estará automaticamente praticando o amor, porque o "nós" significa conjunto, união de duas ou mais pessoas, comunhão de pensamentos para atingir-se um objetivo comum.

Adote o *nós* e sinta a diferença.

Os homens gostam tanto de elogios quanto as mulheres

Quando o assunto é elogio, logo nos vem à cabeça um homem elogiando uma mulher, quer seja por sua beleza, inteligência, trabalho, corpo físico etc.

Ocorre que ele, como ser humano, também gosta muito de receber elogios, principalmente para alimentar o seu ego. Afinal de contas, foram criados no mesmo dia e pela mesma pessoa.

Vestir-se com segundas intenções não é crime

É muito comum usar certas roupas "especiais", de preferência alguma coisa nova, quando é convidado para um compromisso importante.

Um encontro com a namorada, o casamento de um amigo, um batizado, um jantar especial com a noiva ou esposa e até mesmo para um simples passeio, quando a companhia é agradável, são bons exemplos.

Quando isso ocorre, na verdade, estará se vestindo com segundas intenções, exatamente para ficar o mais apresentável possível diante de todos que o cercam, porque, assim o fazendo, acabará agradando a si mesmo.

Quem assume riscos se fortalece

O ser humano por natureza não gosta de assumir riscos, preferindo sempre adotar uma política mais conservadora, deixando as coisas exatamente como estão para não ter de assumir nenhuma atitude mais ousada e correr risco, mesmo que pequeno e sem nenhuma possibilidade de sofrer prejuízos pecuniários.

Esta atitude é própria do fraco e sem qualquer compromisso de ajuda ao próximo porque, ao se arriscar, estará assumindo também a possibilidade de perda.

Aqueles que conseguirem ultrapassar o medo de assumir riscos, até certo ponto natural no ser humano, na verdade, estarão angariando para si muito mais experiência e sabedoria para futuras decisões que terão que tomar durante toda a sua vida.

A beleza só está nos olhos de quem a vê

Infelizmente o ser humano só começa a enxergar o lado bom da vida depois de atingir determinada idade.

Durante a adolescência e juventude, dificilmente conseguirá enxergar as coisas boas da vida, só o fazendo após tornar-se adulto e, mesmo assim, após certa idade.

O maior exemplo disso ocorre quando estamos transitando por uma estrada, aquela mesma que já passamos dezenas de vezes, sem nunca ter conseguido ver nada de bom ou alguma coisa que nos chamasse a atenção e, de repente, começamos a enxergar as coisas de forma tão clara e diferente que parece ser a primeira vez que estamos transitando por ela.

Quando finalmente isso ocorrer, estaremos dando um gigantesco passo para o nosso autoconhecimento

É errando que se aprende

Diz-se que uma pessoa é sábia quando possui uma soma de conhecimentos muito grande, angariada nas suas próprias experiências, armazenadas nos muitos anos de sua existência.

Quando chegar a este ponto, utilizando-se da verdade, caráter no que diz e no que pensa, prudência, sensatez, conhecimentos específicos, facilidade de compreender e de explicar, boa memória, equilíbrio para enfrentar situações novas e difíceis e, principalmente, certeza no que disser, sem nenhum medo de errar, estará dando grande contribuição àqueles que o cercam e à própria sociedade em que vive.

Quem guarda tem

Se o ser humano tivesse conhecimento deste provérbio desde os primeiros dias de vida, talvez não tivesse do que se arrepender agora, principalmente diante da crise mundial de empregos.

Quantas pessoas tiveram que mudar radicalmente sua maneira de viver, principalmente quanto aos seus gastos pessoais, tendo em vista o aumento do custo de vida que não foi acompanhado pelo salário.

Quem guardou algo ou alguma coisa no passado, agora não tem muito do que se arrepender. Entretanto, se não economizou nada, provavelmente estará passando por dificuldades, porque, com a diminuição das ofertas de empregos, o homem está se virando com o que tem ou com aquilo que pode ganhar.

Notem que não estamos falando somente de dinheiro, mas de qualquer coisa, como respeito pelos outros, educação, cultura, força de vontade, espírito de luta etc.

Não devemos fazer as coisas aos trancos e barrancos

Este provérbio ensina que não se deve fazer as coisas de qualquer maneira, ou seja, aos trancos e barrancos, assim como se fosse uma enxurrada provocada pela água da chuva que arrasta tudo que encontra pela frente.

A pessoa precisa, na verdade, fazer as coisas com muita calma, tranqüilidade e o devido planejamento para que sejam feitas de uma só vez afinal de contas, é despendido o mesmo tempo para fazer as coisas mal ou bem, portanto...

Filhos criados, trabalho dobrado

Dizem por aí que um filho começa a dar trabalho e preocupação aos pais desde o instante que foi gerado no útero materno.

Em plena gestação, quando os pais ainda nem assimilaram a notícia, já começam os problemas com enjôos, mal-estar, preocupações com o nome, as roupas etc.

Quando bebês, os trabalhos são típicos da idade. Trocar fraldas, dar de comer, passar noites acordados, ensinar a andar, a falar, não deixar mexer nas coisas, não colocar o dedo nas tomadas etc. Nesta idade, basta uma simples repriменda, um tapa no traseiro e colocá-los para dormir que as coisas se resolvem.

Na medida em que crescem, os problemas vão aumentando e tornam-se um pouco mais difíceis de ser solucionados. Uma das alternativas são os castigos, ou seja, tirar alguma coisa das quais mais gostem.

Quando atingem a adolescência, a reprimenda, o tapa no traseiro e o castigo já não resolvem mais. Após certa idade, então, nada do que fizermos irá adiantar, simplesmente porque eles sempre estarão em situação de confronto conosco.

Nestas ocasiões, por mais argumentos e explicações lógicas que possamos ter, às vezes até evocando nossa idade e, como conseqüência, maior experiência, não irá adiantar absolutamente nada, porque, na opinião deles, sempre estarão certos em suas decisões.

Diante disso, não nos restará outra alternativa a não ser procurar fazer a nossa parte, mostrando a eles tudo o que poderá resultar com as atitudes que estão tomando e se preparar psicologicamente para "juntar os cacos" que restarão no futuro.

༄༅༄༅༄༅༄༅༄༅༄༅

A vontade se prova na ação

Invariavelmente, o ser humano entende que uma simples justificativa é suficiente para resolver certos problemas.

"Pode deixar que eu vou tratar disso"; "Pode deixar que eu vou fazer aquilo"; "Daqui pra frente não vou mais chegar atrasado ao serviço"; "Pode deixar que eu vou colaborar mais", "Vou melhorar" etc., são exemplos típicos do que estamos falando.

Será que apenas e tão-somente estas afirmações, geralmente ditas com tanta ênfase, são suficientes para resolver os problemas? Claro que não, porque o que vale são as providências que serão tomadas a partir daquele momento. "Promessas não pagam dívidas", ou seja, de nada adianta ficar prometendo as coisas e não cumpri-las. Afinal de contas, o que vale são as ações e não a vontade de fazer.

Viva hoje e agora em cada instante de sua vida, os ideais de fraternidade, justiça e sabedoria, pois, transformando a si próprio, transformará o mundo

O ser humano tem o péssimo hábito de ficar dando palpites na vida dos outros, mesmo quando não solicitados.

Se ao invés de se preocupar com a vida dos outros, tentando impor certos procedimentos e modos de agir que a seu ver são importantes e corretos, fariam muito melhor se procurassem, em primeiro lugar, tentar transformar a si próprios. Assim fazendo, fatalmente transmitirão bons exemplos, que é o que mais falta neste mundo.

Que pena que o Criador não sirva de exemplo para muitas pessoas.

Pense cuidadosamente antes de falar, para que aquilo que disser seja verdadeiro, útil e justo, pois tudo que não reunir tais qualidades não merece ser dito

Durante toda a sua vida profissional ou pessoal, o ser humano tem a oportunidade de angariar muitos conhecimentos, dos mais simples (fazer um bolo) aos mais difíceis (falar uma língua estrangeira) e até os mais complicados (criação dos filhos).

De posse desses conhecimentos obtidos deverá tomar muito cuidado antes de transmiti-los a outras pessoas, porque nem tudo que é bom para ele será também para os outros.

Enquanto para algumas pessoas falar inglês pode ser muito importante, para outras, aprender a cozinhar é muito mais.

Criar filhos também tem os dois lados: enquanto para alguns pode ter muita importância, para outros certamente não tem, principalmente se forem solteiros. Uma coisa é certa. Já que nossas experiências nem sempre são apropriadas aos outros, vamos tomar muito cuidado para que, quando falarmos alguma coisa, pelo menos que seja verdadeiro, honesto, justo e principalmente útil para as pessoas que vão nos ouvir.

ಬಿಬಿಬಿಬಿಬಿಬಿಬಿಬಿಬಿಬಿ

É preferível dar do que receber

O ser humano somente pode dar alguma coisa se tiver de sobra, porque ninguém pode dar o que não tem.

Diante disso, é preferível dar do que receber, porque o sentimento de dar alguma coisa e ser útil ao próximo é infinitamente maior e melhor do que o de receber ou de ser ajudado pelos outros.

ಬಿಬಿಬಿಬಿಬಿಬಿಬಿಬಿಬಿಬಿ

O cachorro é o melhor amigo do homem porque não sabe o valor do dinheiro

Se o cachorro pudesse avaliar o dinheiro, ou seja, se soubesse que com ele poderia ter uma vida melhor, mais saudável e até, quem sabe, mais longa, fatalmente se transformaria no maior inimigo do homem, por tudo que dele é exigido e por tão pouco que recebe.

Em princípio, o que é bom para você será também para os outros

Todo ser humano possui as mesmas virtudes e defeitos, direitos e obrigações e assim por diante. Mesmo sabendo disso, ainda existem algumas pessoas que, quando têm acesso a alguma informação privilegiada ou descobrem alguma coisa boa, acabam guardando só para si.

Não estou falando daquelas pessoas que, em função da profissão que exercem, são obrigadas a manter certos "segredos" que fazem parte do próprio negócio. Estou falando daquelas informações simples que poderiam facilitar a vida de muita gente sem envolver nenhum negócio e, mesmo assim, as pessoas continuam escondendo dos outros.

Um exemplo típico do que estamos falando ocorre com as mulheres quando descobrem uma receita qualquer que, com poucos ingredientes, conseguem fazer um bolo muito bonito e principalmente gostoso e, ao invés de passá-la para todos, acabam guardando só para si.

Agindo dessa forma, só fazem deixar à mostra todo o seu egoísmo, falta de vontade de ajudar os outros, tornando-se um pouco mais úteis ao próximo e à própria sociedade em que vivem e fazendo deste mundo um lugar melhor.

As aparências enganam

Às vezes cruzamos com pessoas bem educadas, de fino trato, alegres e gentis que, pelo menos em princípio, nos transmitem boa impressão.

Entretanto, na medida em que vamos nos relacionando um pouco mais, podemos confirmar ou não nossas primeiras impressões e não raras vezes acabamos descobrindo que são totalmente diferentes da realidade.

Diante disso, devemos ter o máximo de cuidado possível para não nos deixar influenciar pelas aparências das pessoas, sem que tenhamos convivido um pouco mais.

Quem tem pressa come cru

Às vezes, na ânsia de resolver algum problema, o ser humano acaba tomando uma decisão muito rápida e, ao invés de resolver o problema, acaba tendo outros maiores.

Isso ocorre porque agindo dessa forma não terá tempo suficiente para analisar mais detalhadamente as opções que tinha para resolver o problema, logo que surgiu.

Exemplo típico ocorre quando estamos num churrasco e, na ânsia de comer na frente dos outros, algumas pessoas acabam se servindo da carne que ainda não está assada, comendo quase crua ou mal passada. O resultado é sempre o mesmo: come ou então joga fora, causando desperdício de comida quando muitos não têm sequer o que comer.

Portanto, vamos ter pressa apenas quando necessário.

Transmitir alegria não custa nada

Dentre todas as alternativas que o ser humano possui, que pode transmitir ao próximo sem gastar absolutamente nada, a alegria é, sem a menor dúvida, a melhor e mais saudável.

Agindo desta forma estará contribuindo para que outras pessoas possam esquecer seus problemas, mesmo que momentaneamente, relaxando um pouco e, como conseqüência, ter a vida um pouco mais calma e tranqüila.

Quando fazemos uma pessoa rir, estamos ajudando a criar um desabafo e permitindo que ela descarregue um pouco da energia acumulada em seu corpo, causada pela vida atribulada que todos têm.

Portanto, sempre que possível, vamos procurar transmitir um pouco de alegria aos outros. Além de não custar nada certamente fará muito bem ao próximo.

Cuidado com as pessoas que não olham nos seus olhos

Dizem por aí que o ser humano, quando não está dizendo a verdade ou está escondendo alguma coisa, não tem coragem de olhar diretamente nos olhos dos outros.

Como não temos condições de adivinhar o futuro e ainda seguindo o dito popular "quem é prevenido vale por dois", doravante, ao conversar com alguém e perceber tal procedimento, tome muito cuidado para não ser surpreendido mais tarde.

É mais fácil um elefante passar pelo buraco da agulha do que...

Este provérbio é muito utilizado quando o ser humano tem de dar um exemplo de alguma coisa impossível de acontecer, assim como se fosse um verdadeiro milagre.

"É mais fácil passar um elefante pelo buraco da agulha do que chover dinheiro", "Os políticos se reunirem e decidirem que irão procurar fazer o máximo possível para ajudar a população, deixando seus interesses particulares de lado", "Finalmente o ser humano se conscientizou de que quanto mais ajudar os outros mais será ajudado", "Os aposentados terão o suficiente para lhes proporcionar uma vida melhor". Querem outros exemplos impossíveis de acontecer ou estes bastam?

Nem tudo que reluz é ouro

Existe uma pedra que tem a mesma cor e o brilho do ouro, mas não tem nenhum valor comercial.

É conhecida como "ouro de tolo".

Ao longo destes anos tem enganado muitas pessoas, principalmente aquelas extremamente ambiciosas que, quando o encontram, pensam que ficaram ricas, mas, na verdade, continuam tão pobres quanto antes.

Isso serve para mostrar às pessoas que, nesta vida, nem tudo que reluz é ouro, ou seja, nem tudo que nos parece importante, num primeiro momento, também o será mais adiante.

Você vê as pingas que eu tomo, mas não vê os tombos que eu levo

Em seu relacionamento diário, o ser humano sempre tem a oportunidade de conviver com pessoas que, com poder aquisitivo superior, conseguem realizar tudo aquilo que sonharem: possuir uma boa casa, ter o carro do ano, boa comida, vestir-se com roupas caras e de marca etc.

Quando isso ocorre, invariavelmente, acaba ficando com muita inveja pelo que o outro realizou.

Ocorre que, nestes casos, somente conhecemos a parte boa das pessoas. Os problemas profissionais e particulares que possuem, os compromissos para vencer, as doenças em família, as dificuldades por que passam, os obstáculos que precisam ultrapassar todos os dia etc., não nos é dado a conhecer.

Estão muito enganados aqueles que acreditam ser o dinheiro tudo na vida e que pode até comprar a felicidade das pessoas. Garanto que existem muitas pessoas ricas que se pudessem trocariam tudo apenas para resolver um problema. Quem duvidar, que pergunte a elas.

୫୨୫୨୫୨୫୨୫୨୫୨

Honestos não mentem sem necessidade
(Anton Tchekov, escritor e dramaturgo russo — 1860-1904)

Seria muito difícil, ou melhor, quase impossível, enumerar todos os adjetivos que caracterizam um ser humano que se diz honesto. Com toda a certeza, falar a verdade seria um deles.

Até concordo que existem algumas situações em que uma mentira, ao invés de prejudicar, acaba ajudando as pessoas.

Por exemplo: quando ocorrer de um amigo contar um fato desagradável que ocorreu com ele e, depois de ouvi-lo atentamente, você disser um pior que lhe aconteceu ou até mesmo com outra pessoa, irá perceber que, aos poucos, ele vai mudando de opinião, deixando de se considerar uma grande vítima. Neste caso, a desgraça dos outros sempre irá amenizar a dele, mesmo que seja uma pequena mentira, inventada apenas para auxiliar o colega que estava com problemas.

Isto aqui não é nariz de santo

Não sei se os leitores já tiveram a oportunidade ou até mesmo a curiosidade de examinar de perto um nariz de santo, principalmente daqueles que ficam expostos no altar das igrejas. É uma perfeição, porque se assim não fosse fatalmente todo o rosto do santo estaria deformado.

Este provérbio serve para esclarecer às pessoas que as coisas, não precisam ser tão perfeitas, exatamente iguais ao nariz de santo, porque perfeito só tivemos um e mesmo assim morreu na cruz para nos salvar.

Portanto, tenham sempre em mente que, apesar de possuirmos a perfeição como meta, nunca deveremos desprezar o bom.

Liberdade com responsabilidade

Todo ser humano tem direito à liberdade. Entretanto, jamais poderá esquecer de uma coisa muito maior e mais importante: é a responsabilidade de cada um.

Podemos perfeitamente ser livres e desimpedidos desde que aceitemos e assumamos as responsabilidades atinentes ao ser humano. Cada um de nós deve saber perfeitamente quais são as suas responsabilidades.

Entretanto, uma coisa jamais deverá ser esquecida: a liberdade de um termina quando começa a do outro.

⁂

O bem que se faz num dia é semente de felicidade para o dia seguinte

Uma das maiores lições que o ser humano deveria aprender, principalmente o brasileiro que gosta de levar vantagem em tudo, é o provérbio "dar e receber".

Quem dá recebe. Isso só não vê quem não quer, porque está tão habituado a primeiro receber para depois dar que não consegue notar a enorme diferença entre "dar primeiro para depois receber" e "receber primeiro para depois dar".

A diferença principal é que, enquanto na primeira frase o importante é o valor material, na segunda o que vale é o valor moral. O sentimento de estar sendo útil ao próximo, de estar iniciando algo ou alguma coisa, é muito maior. Exatamente como uma semente que enterrada no solo e tratada adequadamente dará bons frutos.

Ser útil ao próximo é, antes de qualquer coisa, alimentar a própria alma que, em última análise, é o que restará após a nossa passagem desta para uma vida melhor.

⁂

O homen só é ateu até a primeira dificuldade

Dizem que ateu não tem nenhuma predileção religiosa, quer seja, católica, protestante, espírita, espiritualista, budista, testemunha de Jeová etc.

Particularmente não acredito muito nisso, principalmente por considerar que o ser humano não tem muito conhecimento da força interna que possui.

Diante disso é que se explica o fato de que, nesta vida, não existem ateus, mas pessoas que não tiveram nenhuma dificuldade maior pela frente, porque na hora em que isso vier a acontecer, com toda a certeza, irão agarrar-se à primeira tábua de salvação que surgir. Nem que seja a fotografia de um ente querido que já passou desta para uma melhor.

Saber presentear as pessoas é uma arte

O ser humano é muito estranho.

Enquanto alguns compram presentes caros, belíssimos, embrulhados em papéis especiais que, no fundo, não têm muita serventia para quem recebe, outros adquirem presentes baratos, embrulham em papéis simples ou, às vezes, nem chegam a fazer isso, mas têm uma utilidade muito grande para quem recebe.

Dar presentes é, antes de tudo, não se preocupar com o preço, ter bom senso e procurar saber a utilidade para quem recebe e principalmente lembrar que nem sempre o que é bom para quem dá também o é para quem recebe.

Quem canta seus males espanta

Existe uma infinidade de alternativas que o ser humano adota para desabafar e aliviar os problemas do seu dia-a-dia.

Enquanto alguns vão ao cinema ou assistir a um jogo de futebol, outros preferem desabafar contando os problemas aos amigos, parentes, sacerdotes ou semelhantes.

Ainda existem outras pessoas que simplesmente escolhem alternativas como cantar, que, além de ser mais simples, não depende de ninguém.

O importante é que, todos a seu modo, tenham uma válvula de escape que ajude.

Cantar é apenas uma delas.

ෆෆෆෆෆෆෆෆෆෆෆෆ

O hábito não faz o monge

Hábito é o nome que se dá a uma vestimenta utilizada pelos padres, mais especificamente os monges franciscanos. É uma espécie de túnica colocada em cima da roupa.

O simples uso desta túnica não representa que ele seja um bom monge, um bom sacerdote, porque isso tudo são atributos emanados do seu comportamento no dia-a-dia e não a roupa que veste.

Da mesma forma, podemos dizer que o fato de o ser humano estar vestindo uma roupa nova, bonita e moderna não significa que é uma boa pessoa.

Talvez seja apenas cuidadosa, vaidosa ou rica, por sinal, nenhum dos atributos que devemos usar para julgar as pessoas.

ෆෆෆෆෆෆෆෆෆෆෆ

Perguntaram a uma mãe de qual filho ela mais gostava, ao que ela respondeu: do menor até crescer, do doente até sarar, do ausente até voltar

Não significa de maneira alguma que ela está privilegiando um filho em detrimento dos outros. Apenas e tão-somente está se dedicando ao que inspira maiores cuidados.

Imaginem, por exemplo, um pai de família que se preparou durante anos a fio para fazer a viagem de seus sonhos e, de repente, ocorre uma doença em família, de um filho, por exemplo, e ele terá que deixar a viagem para outra oportunidade.

É justamente nestes momentos que o ser humano deverá usar muita sabedoria e saber priorizar o mais urgente, que é tratar da doença do filho. A viagem poderá ficar para depois.

É absolutamente indispensável que todas as decisões que o ser humano tomar na vida sejam sempre pautadas pelo bom senso, porque assim o fazendo estará sempre a salvo de qualquer arrependimento futuro. Quem quiser arriscar, esteja à vontade.

Cavalo dado, não se olha os dentes

A idade de um cavalo geralmente se avalia pelos dentes. Quanto mais velho for o animal, maiores serão seus dentes e cada vez mais inclinarão para a frente.

Este provérbio define muito bem o ser humano quando ganha alguma coisa. Tem a péssima mania de ficar olhando se é de valor ou não, esquecendo-se por completo que, por ser grátis, não tem nenhum direito a reclamar de coisa alguma. É nestas ocasiões que identificamos as pessoas que estão acostumados a dar presentes, porque jamais irão reclamar do que ganharam.

Pensar sem raciocinar é o mesmo que não pensar

Tornou-se muito comum ficar pensando muito na vida, quando as coisas não vão muito bem ou não estão acontecendo como deveriam.

Entretanto, existe uma diferença muito grande entre simplesmente pensar e pensar e raciocinar.

Quando o ser humano pensa, apenas está analisando uma situação que ocorre, sem maiores compromissos. Quando pensa e raciocina, analisa as coisas com mais critério.

Na medida em que raciocina sobre de algo ou alguma coisa, já está automaticamente planejando o futuro e como deverá agir para conseguir atingir seus objetivos ou a solução dos seus problemas, objeto do seu pensamento.

O maior cego é aquele que não quer ver

Às vezes o ser humano adota um comportamento inexplicável, mesmo sabendo que está se prejudicando e à sua família, como no caso do indivíduo que fuma.

Todos sabem dos males que o cigarro ocasiona, e, mesmo assim, eles continuam fumando, apesar dos inúmeros apelos dos familiares e amigos.

Será que fazem isso por pura teimosia, para demonstrar aos outros que podem parar de fumar a qualquer momento, ou querem mesmo apressar sua extinção? Afinal de contas, só não vê quem não quer os males que o cigarro pode causar às pessoas.

Não importa quem afunda primeiro, a popa ou a proa. O que importa é que todos vão morrer afogados

Tornou-se muito comum o ser humano não se importar com as coisas que ocorrem à sua volta, principalmente quando se trata de problemas que, segundo ele próprio, não são de sua responsabilidade.

A sujeira nas ruas, por exemplo, é um caso típico.

Sabemos perfeitamente que o papel de bala ou o maço de cigarros vazio atirados no chão acabam entupindo os bueiros, provocando grandes transtornos à população em geral.

Quanto a nós, que temos o péssimo hábito de achar que nunca seremos atingidos, estamos muito enganados, porque o custo de manter os bueiros limpos é pago por todos, quer sejam os culpados ou não.

Dedique tanto tempo para melhorar a si mesmo, que não sobre tempo para criticar os outros

O ser humano é por natureza extremamente crítico.

Vive criticando seus filhos que não querem levantar da cama para ir à escola, a empregada que serve o café frio, o porteiro do edifício porque demora para abrir a porta de saída, o motorista do ônibus ou da lotação porque está dirigindo muito devagar ou correndo em demasia, a sujeira das ruas, mesmo sabendo que ele também é culpado por isso, o dono de banca porque o jornal sujou suas mãos, o garoto que pede esmolas, seus colegas de serviço, o vizinho, o prefeito, o governador, o presidente da República.

Vive criticando a tudo e a todos, com exceção dele próprio, é claro, como se fosse o ser mais perfeito deste mundo.

Será que ele também não merece ser criticado pelas coisas erradas que faz ou deixa de fazer?

Não dar atenção e apoio aos filhos, não estudar para melhorar seus conhecimentos e poder ganhar mais, não ajudar as pessoas que precisam mais do que ele, mesmo que apenas com simples palavras de apoio, pelo comportamento irresponsável e temperamental que adota quando dirige seu carro, quando não cumpre seus compromissos, são bons exemplos do que estamos falando.

Será que já não está na hora de o ser humano começar a dedicar bom tempo de sua vida para tentar, em primeiro lugar, sanar seus próprios defeitos e só depois tentar corrigir os dos outros?

Lembrem-se sempre que, perfeito, só houve um, mesmo assim foi crucificado.

Toda araruta tem seu dia de mingau

A araruta é uma simples erva cultivada, da família das marantáceas, que produz uma semente vermelha-clara de cujo rozoma se obtém uma fécula branca muito nutritiva.

Quando em seu estado original, não recebe o devido valor, mas ao ser utilizado para fazer mingau transforma-se numa alimentação muito rica em nutrientes, principalmente para as crianças, passando a ser reconhecida por todos.

Com o ser humano ocorre a mesma coisa. Quando deixa de respeitar as pessoas idosas, esquecendo-se de que, com o passar do tempo, ele será tratado da mesma forma, porque a idade é implacável com as pessoas e, certamente, sua vez chegará.

Fale somente coisas sãs, alegres e prósperas que possam ajudar os demais

Quando o assunto é ajudar os outros, o ser humano logo muda de conversa, porque imagina que ajudar é dar dinheiro.

Aqueles que pensam desta maneira estão completamente enganados. Não se ajuda as pessoas com dinheiro, mas sim com palavras de conforto, de incentivo, de consolo, que trazem motivação, equilíbrio e compreensão.

É só querer e ter boa vontade porque recursos nunca faltarão. Afinal de contas, quem possui uma arma tão forte e poderosa como a palavra tem que aprender a usá-la também em benefício de outras pessoas. Ter esse dom e não saber usar é o mesmo que ser mudo, ou seja, não adianta nada.

Quem gosta do que faz, faz bem

Gostar do que faz é o primeiro e mais importante passo a ser dado pelo ser humano, para conseguir um bom resultado em seu ambiente de trabalho ou fora dele.

Geralmente, as pessoas que gostam do trabalho que executam têm probabilidade infinitamente maior de alcançar grande sucesso profissional, diferentemente daquelas que executam suas tarefas apenas por obrigação ou somente para garantir o salário no final do mês.

Se trabalhar já é difícil quando se gosta, imaginem executar qualquer serviço que não seja do nosso agrado.

Para vencer na vida aprenda a controlar seus medos

Desde cedo, quando somos ainda crianças e freqüentamos a escola, é muito comum ficarmos "pouco à vontade" quando a professora nos chama na frente da sala de aula para apresentar algum trabalho em público.

Com tantos olhos voltados em nossa direção, é muito comum sentir um frio na barriga e uma secura na garganta, porque temos medo de fazer alguma coisa de errado, que sirva de motivo para as pessoas debocharem de nós. Isso é uma situação completamente normal e pode acontecer com qualquer um.

Com o passar do tempo teremos que encontrar alguma forma de enfrentar esta situação, porque, dependendo do trabalho que executamos, sempre surgirão oportunidades de mostrar o nosso valor. Além disso, se "sentir medo" é ruim, permanecer com ele é muito pior.

A facilidade gera uma dificuldade

Às vezes, por comodismo ou até mesmo por falta de coragem, o ser humano acaba facilitando algo ou alguma coisa para outra pessoa e, ao invés de ajudá-la, acaba atrapalhando.

Um bom exemplo disso são aqueles pais que permitem seus filhos dirigir automóveis antes do permitido, ou seja, sem possuir carteira de motorista. A conseqüência deste ato impensado e inoportuno poderá acarretar terrível acidente, colocando em risco a vida dos outros e do próprio filho.

Isso ocorre pela irresponsabilidade do pai que, tentando facilitar as coisas, não cumpriu com sua obrigação que é, antes de qualquer coisa, respeitar outro ser humano.

É dando que se recebe

Este provérbio não é muito fácil de ser entendido pela maioria das pessoas, porque em princípio é muito difícil aceitar que quem dá alguma coisa aqui acaba ganhando outra ali.

Isso invariavelmente ocorre porque o ser humano quer sempre ganhar e levar vantagem em tudo que faz ou participa.

Para melhor entender este provérbio, temos de aceitar que o que damos hoje certamente receberemos amanhã, não necessariamente da mesma pessoa, mas com toda certeza ganharemos, quer seja amor, respeito, carinho, saúde etc.

Na pior das hipóteses, o ser humano sempre terá algum retorno, mesmo que seja por conta e ordem do Ser Maior, que é o que vale nesta vida.

Pau que nasce torto não tem jeito... morre torto

Nas regiões em que costuma ventar muito, as árvores nascem e crescem tortas, algumas até completamente retorcidas e desfiguradas.

Por maior que seja a boa vontade dos homens em querer endireitá-las depois de crescidas, jamais conseguirão, permanecendo tortas pelo resto da vida.

Esta situação se assemelha muito àquelas crianças que nascem e são criadas em ambiente completamente hostil, cheio de vícios e maus exemplos. Depois de adultas, dificilmente terão condições de voltar à normalidade.

Quem avisa amigo é

Uma das formas que o ser humano tem para demonstrar sua amizade para com aqueles que considera seus amigos de verdade, seja nas horas boas ou más, é sempre dizer a eles quando estão fazendo alguma coisa de errado e não estão percebendo.

Apesar de correr o risco de não sermos ouvidos, pelo menos devemos tentar porque nossa condição de amigo sempre exige este comportamento.

Na pior das hipóteses, se não tivermos sucesso na tentativa de ajudar, pelo menos estaremos fazendo a nossa parte.

Basta cada um cumprir o seu dever para arrumar o mundo

O simples cumprimento do dever por parte do ser humano não é suficiente para tornar este mundo melhor. Muito pelo contrário, terá de procurar fazer o seu dever e, se possível, também o dos outros, porque só assim estará contribuindo para tornar este mundo um pouco melhor.

Esta situação é percebida facilmente quando um time de futebol está com apenas dez jogadores, porque um foi expulso e os outros para ganhar o jogo terão que se desdobrar e fazer um pouco mais para suprir a ausência do companheiro.

Invariavelmente ocorre que, com apenas dez, consegue-se fazer mais do que vinham fazendo com onze jogadores.

O poder da palavra a gente vê quando a palavra está no poder
(Millôr Fernandes, humorista carioca)

A palavra é, sem a menor sombra de dúvida, a maior força que o ser humano possui. É justamente por isso que deve saber usá-la com muita sabedoria.

Um pai quando estiver se utilizando da palavra para transmitir a seus filhos alguma coisa boa, como respeitar os mais velhos, por exemplo, dificilmente será levado muito a sério. Entretanto, este mesmo filho, quando estiver ouvindo alguma instrução de seu "chefe" de como fazer determinado serviço, garanto que ouvirá com toda atenção.

O homem tem que tomar muito cuidado e saber distinguir bem as pessoas que se utilizam com muita facilidade da palavra, porque tanto poderá servir para incentivar o bem como para disseminar o mal.

Para exemplificar o poder da palavra quando está no poder, gostaria apenas de relembrar um alemão chamado Hitler, que conseguiu transmitir a seus comandados que a raça ariana era superior às outras e, assim fazendo, conseguiu mandar milhões de pessoas para a morte.

Na vida, existe hora para tudo

Da mesma forma que o ser humano tem hora para almoçar, jantar, tomar café e dormir, também deverá saber escolher a melhor hora para trabalhar, brincar, sorrir, falar, ouvir etc.

Se conseguir administrar o tempo e adequá-lo à sua vida, terá grandes possibilidades de viver melhor, porque, assim o fazendo, estará aprendendo a dedicar-se a uma tarefa de cada vez, ou seja, tudo ao seu tempo.

Não queiras para os outros o que não queres para ti

Quando se trata de escolher alguma coisa para si próprio, o ser humano, invariavelmente, sempre procura o que mais interessa, o mais importante ou até mesmo o que tem maior valor. Em compensação, quando se trata de escolher alguma coisa para os outros, qualquer coisa serve.

Se perante o "Ser Maior" todos são iguais, por que não desejar as coisas boas também para os outros, afinal de contas eles também são "filhos de Deus" ou se considera um privilegiado e quer tudo só para você?

Amigo que não presta e faca que não corta, que se percam, pouco importa

A amizade entre os seres humanos é uma das coisas mais belas que pode existir.

Ter amigos, em determinadas ocasiões, é possuir um ombro para chorar, alguém para nos consolar, confortar, auxiliar, enfim, para qualquer eventualidade que possa aparecer.

Entretanto, um amigo não deixa de ser humano e, como tal, está sempre sujeito a nos decepcionar quando menos esperamos.

Se isso algum dia acontecer e percebermos que deixou de merecer nossa confiança e amizade, devemos simplesmente eliminá-lo de nossas vidas porque se tornou semelhante a uma faca que não corta mais, ou seja, podemos jogar foraque não nos fará falta alguma.

Se não podes com o inimigo, junta-te a ele

Se o ser humano não possui argumentos suficientes para lutar contra seu inimigo, ou mais propriamente dito, seu oponente, é melhor juntar-se a ele porque, assim o fazendo, poderá ao menos tentar compreender melhor o seu modo de agir e a tática utilizada.

Agindo assim o ser humano terá a oportunidade de se preparar melhor para tentar "vender" o seu ponto de vista ou, na pior das hipóteses, terá mais tempo para analisar o ponto de vista de seu inimigo e, com o devido tempo, adotar a alternativa correta para vencê-lo.

Casa de ferreiro, espeto de pau

Imaginem nosso espanto quando vamos a uma padaria comprar pão e leite e não os encontramos. Ou a uma farmácia que não tem nenhum tipo de remédio, uma livraria sem livro ou ainda uma banca de jornal que não tem nenhuma revista nem jornal algum.

Claro que isso não seria lógico, porque cada um tem a sua especialidade e deve ter sempre os produtos específicos de sua atividade. Afinal de contas jamais poderíamos admitir que na casa do ferreiro, que trabalha diretamente com este metal, tenhamos que usar espetos de madeira.

Este provérbio é muito apropriado aos pais que vivem pregando aos filhos a necessidade de trabalhar e respeitar os outros quando eles mesmos não o fazem.

Vamos pensar um pouco a respeito?

O importante é competir

Imaginem, por exemplo, um corredor se preparando durante quatro longos anos para chegar a uma competição olímpica, no melhor de sua forma física e técnica, e, na hora da disputa, ocorrer um problema qualquer, como uma pequena indisposição alimentar, e ele não for bem na prova chegando em 2º, 6º ou até mesmo em último lugar.

Frustração por não ter vencido? Sim. Se arrepender de alguma coisa, como por exemplo se culpar pela derrota? Jamais, porque, afinal de contas, só o fato de estar competindo e ter concluído a prova já deve ser motivo de muito orgulho.

Vencer é apenas uma conseqüência que nem sempre dependerá só dele.

༺༻༺༻༺༻༺༻༺༻༺༻

Mais vale um pássaro na mão do que dois voando

Todo ser humano sabe muito bem que, para segurar um pássaro qualquer em segurança e sem correr o risco de machucá-lo, terá que utilizar as duas mãos.

Ocorre que algumas pessoas são tão ambiciosas que querem segurar dois pássaros nas mãos ao invés de apenas um e, quando isso ocorre, ao abrir a mão para pegar o segundo pássaro, acabam perdendo também o primeiro.

Isso retrata a situação dos que, na ânsia de conquistar mais, acabam se descuidando do que já possuem e terminam por perder tudo, ficando sem nada.

༺༻༺༻༺༻༺༻༺༻༺༻

O fracasso é a única maneira de começar tudo de novo, nem melhor nem pior, apenas diferente

Há males que vêm para o bem.

É justamente desta forma que o ser humano tem de entender algo ou alguma coisa que tentou fazer e, por qualquer motivo, acabou não atingindo o resultado esperado, podendo até se configurar como um fracasso.

Algumas pessoas podem até contestar esta colocação, entendendo que, até certo ponto, é uma situação muito cômoda para justificar eventual fracasso. Entretanto, nem sempre ele ocorre única e exclusivamente por falha nossa. Dependendo do caso, o fracasso pode acontecer por fatores alheios a nossa vontade.

Um casamento que não deu certo é um bom exemplo. De repente, duas pessoas se encontram, namoram durante um bom tempo para se conhecerem melhor, conseguem com muito esforço adquirir uma casa ou apartamento, compram os móveis e iniciam uma vida a dois.

Tudo vai bem até que chega um filho. Do comportamento de ambos ao tratar com a nova situação e até pela falta de experiência anterior, o casamento poderá apresentar alguns problemas sérios, talvez até insolúveis, porque nenhum deles tinha experiência em criar filhos. Neste caso, nenhum dos dois deve se considerar culpado.

Em compensação, se o casamento conseguir ultrapassar todos os problemas com a criação do primeiro filho, fatalmente quando chegar a vez do segundo as coisas serão bem mais fáceis de administrar.

É justamente por isso que "O fracasso é a única maneira de começar tudo de novo, nem melhor nem pior, apenas diferente".

A palavra é a maior arma do ser humano

Se todo ser humano aprender a utilizar a palavra com muita inteligência, sabedoria e propriedade, certamente terá excelente arma na conquista de seus objetivos de vida.

Entretanto, convém lembrar apenas que ela pode influenciar as pessoas tanto positiva quanto negativamente. Portanto, muito cuidado ao utilizá-la, porque os resultados poderão se voltar contra si próprio.

Lembrem-se sempre de que a fé pode remover montanhas, mas a palavra pode motivar multidões.

A primeira impressão é sempre a que fica

Não sei se o comportamento de algumas pessoas está certo ou não, quando se valem sempre da primeira impressão para julgar os outros.

Talvez isso ocorra pela utilização do "sexto sentido" que todo o mundo possui ou até por alguma intuição ou coisa parecida que quase sempre acaba funcionando.

A verdade é que quando conhecemos alguém a primeira impressão fica registrada e dificilmente será mudada, a não ser que ocorra algo ou alguma coisa de muito importante que altere nossa decisão.

Portanto, sempre que o ser humano tiver a oportunidade de participar de uma entrevista com alguém muito importante, para emprego novo, por exemplo, deverá se preparar muito bem e estar no melhor de sua aparência para causar boa impressão, porque sempre será a que as pessoas vão guardar.

A fé move montanhas

A fé é uma arma muito forte que o ser humano possui para se motivar. Na verdade, é o primeiro passo para se conseguir alcançar algo ou alguma coisa.

Utilizada adequadamente nos fará atingir todos os objetivos de vida, quer sejam grandes ou pequenos, a curto ou a longo prazo, desde que possíveis de ser realizados é claro, mesmo à custa de muito sacrifício.

A fé tem o poder de nos impulsionar sempre para a frente, nos ajudando muito na remoção dos obstáculos que se interpõem no caminho.

O conhecimento só será válido quando modificar a vida das pessoas

O ser humano sempre terá a oportunidade de adquirir conhecimentos de história, geografia, matemática, economia, culinária, jornalismo, leitura, enfim, qualquer coisa que venha enriquecê-lo com novos conhecimentos.

Entretanto de nada valerá todo este conhecimento adquirido se não souber fazer bom uso dele, quer seja em proveito próprio ou de terceiros. Adquirir conhecimentos e não saber usá-los é a mesma coisa que aprender a falar uma língua qualquer e viver confinado num lugar onde só há pessoas surdas.

Adquirir conhecimentos simples ou complexos não representará absolutamente nada se não tivermos a necessária sabedoria para transformar nossas próprias vidas e as daqueles que nos cercam. Ao adquirir conhecimentos, temos a responsabilidade de passá-los adiante, quer seja através de palavras, atitudes ou até mesmo de simples gestos.

Quem não arrisca não petisca

Às vezes para conseguir alguma coisa na vida o ser humano tem de arriscar um pouco. Não adianta nada ficar sentado calmamente, aguardando que alguma coisa de bom aconteça.

Se quiser atingir seus objetivos de vida terá de arriscar também, mesmo que de vez em quando perca alguma coisa. Quem fica parado, esperando as coisas acontecerem, verá no futuro que o tempo passou rapidamente, sem que tenha tomado qualquer providência para melhorar. Aí poderá ser tarde demais para retornar e começar tudo de novo.

Nem tudo que balança cai

Se prestarmos um pouco de atenção quando estamos atravessando algum viaduto ou até mesmo uma ponte qualquer, poderemos perceber facilmente que ela balança.

Este mesmo fenômeno sentimos também em prédios mais altos, quando estamos nos últimos andares. Isso ocorre porque é uma técnica da engenharia que deixa a ponte e o prédio balançarem justamente para não cair, porque se fossem construídos numa estrutura imóvel e rígida fatalmente quebrariam.

Os aviões, por exemplo, quando passam por regiões com camadas de temperaturas diferentes ou ao atravessar as nuvens muito densas, balançam um pouco e, no entanto, dificilmente caem, chegando a ser considerado como um dos meios de transporte mais seguros que existem.

Vamos aproveitar estes exemplos em nossas vidas. Quando tivermos pela frente algum problema difícil e quase impossível de ser solucionado, vamos balançar bastante. O importante será não cair.

Uma conquista só é válida quando se sabe o que fazer com ela

Durante a vida profissional ou particular, uma pessoa busca alcançar um objetivo qualquer e, quando consegue, não sabe o que fazer.

Não estou falando dos grandes descobrimentos, como o avião, a pólvora, o telefone, a máquina a vapor, remédios para doenças incuráveis etc., mas sim de pequenas coisas do cotidiano, como, por exemplo, ensinar a um funcionário subalterno como trabalhar com um computador ou até uma dona de casa a fazer um bolo de laranja.

Alguns leitores poderão dizer que existem coisas mais importantes para fazer do que ficar perdendo tempo ensinando os outros. Afinal de contas, se ele aprendeu sozinho por que os outros não poderão fazê-lo também?

É uma pena que ainda existam pessoas que pensam desta maneira, porque todo ser humano, de uma forma ou de outra, sempre foi muito ajudado, até porque nasceu sem saber falar, andar, ler nem escrever, chegando a isso graças à ajuda de muita gente.

Vocês já pensaram na possibilidade de os funcionários dos hospitais que trabalham nos berçários pensarem desta forma? Se para algumas pessoas fazer um bolo é muito simples, para outras não o é, porque cada um tem determinadas habilidades para fazer certas coisas, enquanto outros não têm.

Uma coisa é certa, não saber as coisas não é nenhum motivo para ser relegado ou desmerecido porque no dia do Juízo Final cada um vai ter de explicar de que maneira aproveitou as habilidades que recebeu. Aí já será muito tarde para se arrepender e voltar atrás.

A autoconfiança é a alma do negócio desde que estejamos devidamente preparados

Todo ser humano precisa ter muita confiança em si mesmo, para poder alcançar seus objetivos de vida, desde que se prepare adequadamente para isso.

Imaginem, por exemplo um estudante tentando passar no vestibular sem estar devidamente preparado. Dificilmente conseguirá êxito em suas intenções, porque estará competindo com pessoas que se prepararam durante o ano todo. Por outro lado, se estiver preparado para o exame vestibular, adicionando a sua autoconfiança terá boas perspectivas de obter sucesso. Caso contrário, mesmo que possua autoconfiança dificilmente conseguirá atingir seu objetivo, porque é necessária também a devida preparação.

Sogra e cerveja... só gelada em cima da mesa

A cerveja é uma bebida feita à base de malte, muito consumida no verão e servida extremamente gelada porque ajuda a refrescar a garganta e amenizar o calor.

Por outro lado, quando uma pessoa falece, fica completamente enrijecida e muito gelada pela morte de suas células.

Como todo ser humano gosta de se sobressair, repetindo o que a grande maioria faz, como falar mal da sogra, mesmo que não tenha nenhum motivo para isso, acaba fazendo a associação entre a cerveja e a sogra, ou seja, ambas geladas em cima da mesa.

A cerveja para ser saboreada e a sogra para ser velada.

Só existe uma coisa pior do que falarem da gente. É não falarem
(Oscar Wilde, escritor e dramaturgo irlandês — 1854-1900)

Este provérbio, também conhecido como "Falem mal, mas falem de mim", identifica uma situação em que ao deixar de falar de alguém, tanto positiva quanto negativamente, fatalmente estaremos condenando-o ao esquecimento.

Este procedimento levará qualquer ser humano ao completo desespero, porque ao ser ignorado, mesmo que de forma negativa, deixará de se sobressair, de ficar em evidência, de participar das coisas, o que, por si só, já representará um grande castigo.

Um relacionamento requer muito trabalho e amor: superação de si, dos próprios desejos e, sobretudo, curiosidade e nenhum cinismo
(Nastassja Kinski — atriz alemã)

Para se relacionar com alguém, para namorar, noivar e casar, precisa-se de uma dose de sacrifício muito grande, principalmente porque terá que modificar seu comportamento, sua maneira de ser, agir, pensar, entender e aceitar as coisas.

Entretanto, para que isso ocorra, terá que repensar seus próprios desejos e suas vontades, porque nem sempre serão os mesmos da pessoa que escolheu para ficar junto.

Não poderá existir nenhum cinismo nem tampouco nenhuma mentira porque poderia despertar desconfianças. Se é uma relação que agrada, simplesmente precisará ter muita força de vontade, amor e superação de si mesmo para conviver bem e a cada dia melhor.

O bem e o mal sempre andam juntos

Existe uma linha divisória muito fina, imperceptível e transparente que separa o bem do mal. É a chamada "linha da consciência".

A todo momento o ser humano é tentado a mudar de lado, quer seja pelo dinheiro fácil, por sua família, por não suportar a pressão que recebe diariamente, enfim, por inúmeros motivos que podem transformá-lo.

O que pode evitar isso é o resultado da soma dos valores morais, a capacidade de resistir às pressões recebidas e a própria consciência de cada um.

Conquistar é fácil... manter é mais difícil

Normalmente o ser humano luta muito para conquistar algo ou alguma coisa. Uma vaga na faculdade é um bom exemplo disso.

Depois de muito estudar, ao atingir seu objetivo não consegue encontrar emprego na área em que se formou.

Para se constatar esta afirmação é muito simples, basta pesquisar o número de alunos que se formam a cada ano nos cursos superiores, quer sejam advogados, economistas, contadores, engenheiros etc., mas que em função das dificuldades do mercado de trabalho ou até mesmo da falta de capacidade, acabam exercendo funções completamente diferentes daquela que cursou.

Este exemplo é apenas um entre os muitos que podemos dar para alertar o ser humano que, se conquistar algo ou alguma coisa é muito difícil, muito mais será mantê-lo.

Tanto dá na cabeça como na cabeça dá

Este provérbio é utilizado pelo ser humano quando quer dizer que tanto faz ir buscar um remédio numa farmácia como pedir que o funcionário da farmácia o traga até você. O que importa é que você terá o remédio para tomar na hora em que precisar.

No cotidiano ocorre a mesma coisa. Tanto faz você puxar conversa com as pessoas ou o contrário, o que vale é que vão dialogar e estabelecer uma nova amizade, não importando quem deu o primeiro passo, mas sim o resultado alcançado.

Não adianta tapar o sol com a peneira

Por mais que o ser humano tente tapar o sol com uma peneira jamais conseguirá, porque os raios passarão pelos vãos do arame, tornando-se completamente visíveis.

Em relação ao ser humano ocorre a mesma coisa quando tenta esconder alguma coisa dos outros, tão visível que dificilmente conseguirá o intento, por mais que se tente.

Um exemplo muito claro disso é quando determinada pessoa está com algum problema familiar e, por mais que queira esconder, não consegue porque sua fisionomia e o seu comportamento certamente a trairão.

Para voltar à situação normal a única saída é resolver seu problema o mais rapidamente possível, para não ter de ficar ouvindo a clássica pergunta: o que você tem?

Mestre é aquele que sabe respeitar a personalidade do aprendiz para que ele se desenvolva livremente
(Sérgio Milliet, tradutor e crítico de arte — 1898-1966)

Podemos designar como mestre o ser humano que se dispõe a ensinar algo ou alguma coisa a outras pessoas, mesmo não sendo um professor de carreira ou que não esteja vinculado a nenhuma escola.

Na verdade, mestre é aquele que sabe respeitar a individualidade do aluno, limitando-se apenas a transmitir os seus conhecimentos, sem querer mudar a personalidade de cada um. Agindo desta forma, estará colocando barreiras nos alunos, impossibilitando-os de desenvolver-se livremente.

Quem com ferro fere, com ferro será ferido

Genericamente falando, o ser humano é muito vingativo.

Sempre procura dar o "troco" a outras pessoas que de alguma forma o tenham ofendido ou até mesmo prejudicado, julgando que o melhor a fazer é agir por conta própria e pagar com a mesma moeda.

Ledo engano. Não deve jamais tentar devolver aos outros o que lhe fizeram, simplesmente porque não compete a ele fazer isso.

Algum dia, quando esta mesma pessoa passar desta para uma vida melhor, com toda certeza irá explicar o seu comportamento ao "Ser Maior" e receber o que merece.

Todo boato tem seu fundo de verdade

Na verdade, não existem boatos mas sim antecipação de notícia, porque sua origem está sempre no mesmo fato.

Um exemplo disso aconteceu na França em 1998. Horas antes do jogo na final da Copa do Mundo de futebol entre o Brasil e a França, foi noticiado que o jogador Ronaldinho, principal artilheiro do Brasil, não atuaria porque seu nome não constava na relação oficial, divulgada pelo então técnico da Seleção Brasileira de Futebol, sr. Mário Jorge Lobo Zagallo.

A notícia chegou ao Brasil como uma bomba e, como não havia mais informações a respeito, cada um tirou suas próprias conclusões: jogador foi seqüestrado, quis receber um prêmio especial para jogar, estava dopado e ficou com medo de ser descoberto, sua mãe foi seqüestrada, já estava negociado com outro clube, etc.

Apesar de simples boato, originou-se num fato verídico que foi o anúncio da não escalação do jogador pelo técnico. Logo, todo boato tem um fundo de verdade.

ಐಽಐಽಐಽಐಽಐಽಐಽ

Ver para crer

O ser humano positivamente não acredita muito nas pessoas.

Talvez isso ocorra pela condição de querer sempre levar vantagem em tudo e é exatamente por isso que sempre precisa ver as coisas com os próprios olhos.

Em algumas situações esta posição de querer ver as coisas até que é necessária, mas jamais poderá ser generalizada, porque quem não acredita nos outros vai se acostumar tanto com a idéia que fatalmente deixará de crer em si próprio.

ಐಽಐಽಐಽಐಽಐಽಐಽ

A corda sempre arrebenta do lado mais fraco

Sempre que houver qualquer disputa envolvendo duas pessoas de situação econômico-financeira diferente, a tendência de perder sempre é do lado mais fraco.

Diz-se isso principalmente quando um dos oponentes é pessoa muito simples e de difícil situação financeira.

Numa disputa entre uma pessoa rica e outra pobre, por exemplo, a tendência de vitória sempre estará do lado da primeira. Além de ter os melhores advogados ao seu lado, terá recursos suficientes para protelar ao máximo a disputa, fazendo com que seu contendor acabe desistindo no meio do caminho por falta de recursos.

É justamente por isso que se costuma dizer que às vezes vale mais um mau acordo do que uma boa briga.

Quem nunca pecou, que atire a primeira pedra

Palavras atribuídas ao Ser Maior quando Maria Madalena estava para ser apedrejada por um grupo de mulheres que a consideravam pecadora.

Abaixando-se ao chão, o Ser Maior pegou uma das pedras que haviam sido atiradas contra ela e disse aos manifestantes: "Quem nunca pecou que atire a primeira pedra". Como não havia entre os manifestantes nenhuma pessoa que estivesse isenta de pecado, ela acabou sendo colocada em liberdade.

Provavelmente existem na vida real pessoas que julgam nunca ter pecado, já que vivem atirando a primeira pedra. Será verdade isso ou apenas estão se enganando?

Pé de galinha não mata pintinho

Se o ser humano tiver a curiosidade de verificar dentro de um galinheiro a quantidade de vezes que uma galinha pisa em cima dos pintinhos sem que estes se machuquem, ficará admirado, principalmente se levar em consideração que a galinha pesa pelo menos cinco vezes mais que um pintinho.

Isso ocorre porque a galinha faz isso sem querer, sem pretensão alguma de causar algum mal à sua ninhada, porque está querendo encontrar uma posição melhor para aconchegá-la.

No ser humano as coisas acontecem do mesmo modo. Quando uma mãe faz seu filho chorar não significa que não gosta dele, muito pelo contrário, o faz porque gosta muito.

Nesta vida nada se cria... tudo se copia

Dificilmente alguém terá condições de criar algo novo ou diferente, tantas são as coisas que existem no mundo. Sempre estará baseada em coisas velhas, com algumas modificações.

Há alguns anos, quando a gasolina era bem mais acessível, somente se fabricavam carros enormes, confortáveis, tão macios que mais se pareciam com uma barca andando no oceano quando o mar está calmo. Com o aumento do combustível e a diminuição do poder aquisitivo da população em geral, passou-se a fabricar carros menores, não tão confortáveis quanto os anteriores, mas muito mais econômicos.

De certa forma, os carros atuais foram copiados dos anteriores com adaptações mais apropriadas para esta nova situação. Ou seja, de algo existente é que foi criada outra coisa nova.

Não devemos confundir pobreza com sujeira

A falta de recursos financeiros do ser humano jamais deverá servir de eventual justificativa para ele viver na sujeira.

Existem pessoas extremamente pobres, residentes em casas muito simples, paupérrimas, que são mais limpas do que outras, ricas, de muitas posses, que vivem em casas luxuosas.

A água e sabão lavam tudo, sem levar em conta se são pessoas ricas ou pobres. A mania de limpeza pode até causar certo desconforto, mas pelo menos evita muitas doenças. Afinal de contas, a limpeza da alma começa obrigatoriamente pela do corpo humano.

Só o medo pode impedir as realizações do ser humano

Todo ser humano precisa sonhar porque é uma de suas principais armas para crescer na vida e se desenvolver, tanto profissional como espiritualmente falando. O sonho é simplesmente o primeiro passo para se atingir quaisquer objetivos desejados.

Entretanto, existe um fator muito grande que pode impedir que isso aconteça, que é o medo do fracasso, de passar vergonha, de enfrentar os amigos se algo ou alguma coisa não der certo, porque sempre será considerado um ato de covardia, e isto não podemos cometer de jeito nenhum, porque irá nos paralisar pelo resto da vida.

Se isso acontecer, é melhor desejar que a morte chegue logo porque só vai faltar deitar para morrer.

O segredo do sucesso é sentir-se merecedor dele

Quando o ser humano consegue terminar uma tarefa ou atingir um objetivo muito difícil, deverá sentir-se realizado e muito feliz com o sucesso alcançado.

Sentir-se merecedor dele é o máximo que alguém pode almejar, porque ter sucesso com o mérito alheio, como algumas pessoas têm, deve ser a pior coisa deste mundo.

Portanto, façam por merecer o sucesso alcançado, participando ativamente de seu planejamento e execução, ao invés de ficar aguardando o sucesso dos outros para se beneficiar. Exatamente como os urubus que só comem coisas mortas para não ter trabalho nenhum.

Quem sabe fazer... sabe mandar

Quantas vezes ocorre de um serviço contratado ser realizado de forma totalmente errada, porque o responsável pela execução não foi orientado com clareza.

Isso invariavelmente ocorre porque as pessoas que contratam os serviços nem sempre têm um mínimo de conhecimento para discutir, com o contratado, qual a melhor forma de executar, por onde começar, qual o tempo que vai demorar, nem de perceber o que ocorrer de errado, nem tampouco a forma de resolvê-lo.

Caso você esteja nessa situação e tenha que contratar algum serviço, peça auxílio a uma pessoa mais velha, seu pai, avó ou até mesmo um amigo para auxiliar no que for preciso.

Não pague para ver porque o custo de seu aprendizado poderá ser muito alto.

Não chegue perto de Deus. Ele pode sacudir a árvore

Existem algumas pessoas que são muito simples, prestativas, extremamente atenciosas e gentis e estão sempre prontas para atender aos pedidos dos outros.

Entretanto, basta ser promovidas e subir um pouco na vida para se transformar em pessoas completamente diferentes. Passam a tratar todos os colegas de "senhor", porque é exatamente desta forma que gostariam de ser tratadas, instalam-se em salas fechadas, com secretárias etc.

Em seguida trocam seu modo de se vestir, com ternos novos, camisas diferentes, de preferência de cores mais visíveis.

Adotam um palavreado diferente, com palavras difíceis, mesmo não sabendo o real significado delas e finalmente fazem questão de provar a todos que foram promovidas por merecimento.

A todos aqueles que se encontram nesta situação, às vezes até sem perceber, tomem muito cuidado, porque se subirem muito na vida correm o risco de chegar muito perto do Ser Maior e a qualquer balançada na árvore que Ele der, cairão muito mais rápido do que subiram.

Manda quem pode, obedece quem tem juízo

Frase habitualmente utilizada na vida profissional que identifica a condição de uma pessoa ter de obedecer ordens de um superior, sem ao menos ter a oportunidade de questionar se estão corretas ou não.

É justamente por isso que muitas ordens recebidas acabam sendo mal executadas, porque a pessoa que as recebeu não teve a condição ou a liberdade de perguntar nada a respeito.

Sempre que se inicia uma relação há diferenças com as quais temos de lidar. São coisas novas, que nunca se encarou
(Yuka Honra — tecladista japonesa)

Parodiando o provérbio "Cada cabeça, uma sentença", sempre que o ser humano iniciar uma nova relação com outra pessoa, quer seja entre homens e mulheres, entre alunos de uma mesma classe, entre patrão e empregados e até mesmo entre colegas, sempre existirão algumas diferenças entre eles a ser ultrapassadas, que demandarão alguns sacrifícios e um pouco de força de vontade de ambos os lados para superá-las.

No namoro entre dois jovens, por exemplo, daqueles que possuem boas intenções, logo surgirão algumas diferenças entre eles.

A maneira de se vestir, de se comportar em público, nos hábitos alimentares, nos passatempos favoritos, no gênero musical etc., diferenças que, por serem jovens e estarem apenas namorando, não serão muito difíceis de se resolver, até porque o amor e a paixão vão superar tudo isso.

Na medida em que este relacionamento ficar mais próximo e se aprofundar, pelo casamento, por exemplo, essas divergências se tornarão mais acentuadas. A forma de ser e a liberdade de cada um estarão em jogo e aí começarão a surgir as coisas mais difíceis de ser solucionadas: ciúmes, desconfiança, interferência na hora de se vestir, dificuldades de tomar decisões conjuntas, preocupações em excesso etc.

Quando esta fase acontecer, procurem entender o seu semelhante, colocando o respeito e a confiança em primeiro lugar. Procurem redescobrir apenas as coisas boas em cada um, deixando as ruins de lado. Procurem ter uma convivência extremamente pacífica, principalmente para que possa ser a mais longa e duradoura possível, com muita satisfação e grandes realizações de ambos os lados.

Não existem perguntas embaraçosas. Há respostas embaraçosas
(Carl Rowan — diplomata americano)

Partindo do pressuposto de que "perguntar não ofende e responder é educação", se o ser humano for decente, honesto, trabalhador, cumpridor de seus deveres, levar uma vida clara e transparente, não terá nenhuma pergunta que o deixe embaraçado, porque não terá nada para esconder.

Se assim não for, certamente não será uma pessoa de bem, porque as que ficam embaraçadas com certos tipos de perguntas é porque têm algo para esconder.

A nascente quase sempre desaprova o curso do rio
(Jean Cocteau, romancista e cineasta francês — 1889-1963)

É muito comum constatar-se que o curso dos rios nunca segue uma linha direta, nem tampouco lugares planos. Pelo contrário, sempre é repleto de curvas, subidas e descidas, passa por lugares obstruídos por pedras etc. De fácil, não tem nada.

Para a nascente, o ideal seria que o rio tivesse um curso mais fácil para levar suas águas o mais longe possível, atingindo, desta forma, a maior quantidade de pessoas, que dependem da água para viver e irrigar suas plantações.

Guardadas as devidas proporções, o ser humano desejaria que seus filhos tivessem uma vida menos tortuosa, sempre seguindo a trilha do bem, exatamente como a nascente gostaria que acontecesse com o curso do rio.

Infelizmente, constatamos que em alguns casos, a exemplo das curvas do rio, enveredam por caminhos sinuosos e cheios de obstáculos que só trazem a dor e o sofrimento.

Todo ser humano deve alimentar suas vaidades

Apesar de sempre ser citada como pejorativa no ser humano, na verdade a vaidade pode ser muito benéfica.

Quando encontramos pessoas que se vestem bem, que estão sempre com cara de quem tomou banho há poucos minutos, que gostam de andar com os sapatos sempre engraxados, de comer em restaurantes finos, temos a mania de dizer que são muito vaidosas e, até certo ponto, "frescas".

Será que este julgamento precipitado não é apenas uma demonstração de inveja de nossa parte por não termos condições de fazer igual? Será que o vaidoso não é uma pessoa que procura estar sempre bem, sem se importar com o que os outros pensam a seu respeito e com isso viver muito melhor do que nós?

Cada um tem a cruz que pode carregar

Todo ser humano sabe, ou deveria saber, que o mundo está passando por grandes transformações. O conflito na Iugoslávia foi exemplo disso, com milhares de pessoas passando por toda sorte de sofrimentos, fome, frio, sede etc.

Nestes momentos o ser humano chega a pensar e a questionar a presença de Deus naquele local. Se Ele é justo como dizem, será que não está vendo o que está acontecendo naquela cidade?

Claro que está e de forma muito especial, porque se cada ser humano tem a cruz que pode carregar, deduz-se que as pessoas somente estão pagando pelo que fizeram no passado. Portanto, ao invés de dó e piedade, o ser humano deveria ter um sentimento de coragem, de espírito de luta para carregar a cruz que escolheu para si.

Os últimos serão os primeiros

Nem sempre aqueles que estão no final da fila serão os últimos a ser chamados. De repente, alguma coisa acontece e a ordem de preferência pode ser alterada. Nos elevadores, por exemplo, isso ocorre freqüentemente.

No cotidiano ocorre a mesma coisa. Todos nós temos uma relação de prioridades a ser alcançadas, principalmente quando se trata de adquirir coisas pessoais e, de repente, somos obrigados a comprar um sapato novo porque o velho está furado, em detrimento de um terno, uma camisa ou uma calça.

Quando isso acontecer, precisamos ter muito discernimento para entender e aceitar a nova prioridade, mesmo que em detrimento de outras que considerávamos mais urgentes.

Faça com que seus amigos sintam que há algo de valor neles

Ter amigos, acredito que todo ser humano tem, mas quem dá a eles o devido valor?

Muito se fala na necessidade de ter amigos, pessoas em quem podemos confiar, alguém para nos ajudar, quando necessário, um ombro amigo para desabafar e até para chorar, de vez em quando. Entretanto, lembramos apenas que a recíproca deve ser verdadeira porque eles também precisam de nós. Afinal, sendo seres humanos, devem enfrentar os mesmos problemas.

Quando isso ocorrer, será que estaremos preparados para retribuir com a mesma moeda ou vamos adotar o procedimento de algumas pessoas que só lembram de você no Natal ou no seu aniversário? Não seria melhor lembrar mais vezes para que se sintam úteis, importantes e de grande valor?

Pessoa certa no lugar certo; pessoa certa no lugar errado; pessoa errada no lugar certo e pessoa errada no lugar errado

Tornou-se muito comum em nosso cotidiano ouvir qualquer uma destas frases, principalmente no âmbito profissional.

A expressão "Pessoa certa no lugar certo" quer dizer que uma pessoa capaz e cumpridora de seus deveres está ocupando um lugar compatível com suas qualificações; portanto, com grandes possibilidades de dar certo.

"Pessoa certa no lugar errado" quer dizer que uma pessoa capaz, cumpridora de seus deveres, está ocupando um lugar incompatível com suas qualificações, mesmo que moderno e com todos os equipamentos possíveis para ser usados. Às vezes, a capacidade do ser humano não será suficiente para que o serviço saia a contento.

Por outro lado, "Pessoa errada no lugar certo" quer dizer que apesar de existir uma pessoa incapaz, que não corresponde nem às expectativas desejadas para sua função, acaba saindo-se muito bem porque está no lugar certo, que apresenta certas características favoráveis ao próprio trabalho a ser desenvolvido.

Finalmente, "Pessoa errada no lugar errado" quer dizer que, além da incapacidade do ser humano, o lugar também é inadequado para a execução do serviço desejado.

No âmbito particular pode ocorrer a mesma coisa. Às vezes o ser humano apresenta todas as características indispensáveis para se tornar uma ótima pessoa e, no entanto, não o é em função dos lugares que freqüenta e das amizades que possui.

O ideal é que sempre haja completa interação entre o homem e o lugar que freqüenta para que tudo funcione a contento.

Não precisamos de dinheiro para ser felizes

Como podemos entender uma pessoa pobre, sem dinheiro até para comer, afirmar categoricamente que é feliz, enquanto outro, com muito dinheiro e muitos bens, afirma que é infeliz. Estão mentindo ou temos que acreditar e aprender que realmente o dinheiro não traz a felicidade para ninguém?

Se voltarmos no tempo e procurarmos lembrar dos momentos felizes que já passamos, vamos perceber que eles ocorreram justamente quando tínhamos pouco dinheiro. Será que já nos esquecemos disso?

O lobo perde o pêlo, mas não perde o viço

Os criadores utilizam arame farpado para evitar que os lobos entrem no galinheiro para comer as galinhas. Na ânsia de comê-las, os lobos atravessam a cerca e acabam deixando parte do pêlo preso no arame.

Em relação ao ser humano ocorre a mesma coisa.

Mesmo sabendo que poderão ocasionar algum acidente mais sério, correndo o risco de terminar seus dias numa cadeira de rodas ou então ocasionar a morte de pessoas inocentes, ainda existem alguns jovens que participam de verdadeiros "rachas" noturnos, só pelo prazer de mostrar que são valentes e corajosos perante os outros.

O que eles não sabem é que o "custo deste aprendizado" poderá ser fatal e, se isso realmente acontecer, só restará à família viver o resto de seus dias lamentando por não ter conseguido fazer nada para impedir.

Originalidade é um traço cuja utilidade mentes medíocres não conseguem atinar
(John Stuart Mill, filósofo e economista inglês — 1806-73)

A originalidade no ser humano é um dos principais fatores que contribuem decisivamente para alcançar o sucesso desejado.

Não basta serem bons trabalhadores, dinâmicos, inteligentes, capazes, eficientes etc., se não se utilizam de nenhuma originalidade na execução de seus serviços, que é justamente a forma existente para diferenciá-los.

Se assim não for, sempre transmitirá a sensação de que está copiando alguém ou algo que já existe.

Dinheiro traz dinheiro

Sempre que o ser humano tiver dinheiro de sobra terá grandes probabilidades de fazer bons negócios.

Isso ocorre porque comprando a vista sempre conseguirá um bom desconto, que também é uma forma de ganhar dinheiro.

Outra vantagem está na tranqüilidade que terá para analisar os negócios que tiver que realizar, além é claro da falta de medo de perder alguma coisa, porque se isso efetivamente ocorrer não fará muita diferença. Sempre terá de onde tirar.

Fulano de tal está sempre em cima do muro

Utiliza-se muito este provérbio para destacar as pessoas que não gostam, não querem ou não têm coragem de decidir nada, principalmente quando têm que se expor ao público e possivelmente ser contestadas ou criticadas pelos outros.

No entender delas, é muito mais fácil não tomar nenhum partido, principalmente nos casos de discussões mais acirradas envolvendo duas ou mais pessoas, preferindo ficar quietas para não se comprometer com nenhum dos lados.

É bem verdade que existem outras que, por força da própria profissão que exercem, jamais devem tomar qualquer partido; os juízes, por exemplo, devem manter sua imparcialidade a qualquer custo, resumindo-se apenas e tão-somente a adotar a decisão tomada pelos jurados.

Quanto aos outros, precisam entender que se tiveram a coragem de pedir para nascer num mundo tão hostil como este que estamos vivendo, por que não tomar as outras decisões que são muito mais simples?

Forme um elevado conceito de si mesmo e proclame isto para todas as partes, não com palavras, mas com ações

Existem momentos em que, de repente, como se fosse atingido por um raio de luz, o homem começa a questionar-se sobre o que já fez na vida e o que gostaria de fazer.

Invariavelmente, quando isso ocorre, sente uma sensação de vazio por entender que fez muito pouco, tanto em proveito próprio como em favor das pessoas que o cercam.

Quando isso acontecer, e tenha absoluta certeza que acontecerá algum dia, que tal aproveitar a oportunidade para formar um elevado conceito de você mesmo e agir com ações firmes e fortes em busca de um mundo melhor?

Pense bem nisso e quando chegar a oportunidade não perca a chance porque ela poderá não se repetir.

A melhor maneira de aprender é ensinando

Todo ser humano tem muito potencial e grande experiência dentro de si, produto de muitos anos de aprendizado, quer seja nesta ou em outras vidas passadas.

Na medida em que tiver consciência disso, poderá ajudar outras pessoas, sempre procurando transmitir um pouco dessas experiências.

Assim fazendo, será automaticamente beneficiado porque na ânsia de se preparar para ajudar as pessoas estará pesquisando e praticando suas experiências e, como conseqüência, aprendendo muito mais do que vai ensinar.

Quem conta um conto aumenta um ponto

A imaginação do ser humano é muito fértil, principalmente quando se trata de repassar a outras pessoas algum fato que tenha presenciado ou até mesmo "ouvido falar".

Sempre tenderá a acrescentar algo ou alguma coisa, por menor que seja. É como se quisesse adicionar alguma coisa sua, pessoal, para enriquecer o fato ou colocar seu ponto de vista no episódio. O que invariavelmente ocorre com esse procedimento é que às vezes um simples acontecimento acaba se transformando numa verdadeira história, tão confusa que, ao final de tudo, ninguém saberá ao certo o que realmente aconteceu.

A amizade é como uma flor, quando as pétalas caem jamais fica igual

A convivência diária com as pessoas que nos cercam tem de ser a melhor possível, com muito respeito, carinho, dedicação e, principalmente, consideração, para que seja a mais duradoura possível.

A ocorrência de algum fato que, de uma forma ou de outra, cause algum impacto negativo neste relacionamento, mesmo que posteriormente esclarecido, impede que ele volte a ser como antes. Exatamente como uma flor que, ao perder uma de suas pétalas, nunca mais será a mesma, porque sempre estará faltando alguma coisa.

Portanto, vamos cuidar muito bem para que isso jamais aconteça, principalmente em relação às pessoas que temos em grande estima.

Às vezes, rir de nós mesmos é a melhor saída

Às vezes quando percebemos que fizemos algo ou alguma coisa errada, ao invés de ficar com raiva, resmungando o tempo todo, proferindo palavras de baixo calão ou então nos maldizendo pelo erro cometido, experimente rir de si mesmo e verá quão depressa voltará ao normal.

Quem aprende a rir de si mesmo atinge mais rapidamente o necessário equilíbrio para entender e aceitar as boas coisas que a vida oferece.

O exemplo vem de cima

A responsabilidade de deixar bons exemplos se inicia por aqueles que, de uma forma ou de outra, têm algum tipo de ascendência sobre os outros.

Numa empresa, por exemplo, os bons exemplos devem partir sempre dos responsáveis, principalmente quanto a uma prestação de serviços clara, transparente, justa e honesta porque, somente agindo desta forma, poderão exigir de seus funcionários o mesmo comportamento em relação à empresa.

É muito difícil, por exemplo, que os funcionários aceitem a idéia de não receber nenhum aumento pelo trabalho que executam sob a alegação de que a empresa não tem dinheiro, se os responsáveis vivem fazendo despesas inúteis e desnecessárias, privilegiando os interesses individuais ao invés dos coletivos.

Em relação à família, acontece a mesma coisa. Os filho seguirão o exemplo recebido dos pais, ou seja, serão bons ou maus.

Não critique as pessoas quando estiver subindo, porque as encontrará quando estiver descendo

Para algumas pessoas, basta ser promovidas na atividade profissional que exercem ou até mesmo ter uma pequena melhora na vida particular, para alterar completamente o seu comportamento, tornando-se tão distantes de todos, como se fossem as mais importantes no mundo.

Às pessoas que costumam agir desta forma, fica aqui um alerta: tomem muito cuidado ao maltratar os outros quando estiverem subindo porque, fatalmente, os encontrarão quando estiverem descendo, porque nesta vida tudo que sobe, desce, só não vê quem não quer.

Pensamentos positivos atraem sucesso. Pensamentos negativos atraem fracasso

O ser humano ainda não percebeu que a força do pensamento é uma das maiores armas que possui e, o que é ainda pior, por ser originário em seu próprio cérebro, é só sua.

O que ele precisa entender e aceitar é que, por ser uma arma, é muito natural que possa atuar tanto positiva como negativamente, ou seja, pender para o bem ou o mal.

Como a força do pensamento tem o poder da criação, podemos afirmar, sem o menor medo de errar, que pensamentos positivos atraem sucesso, enquanto os negativos trazem fracasso.

Como o ser humano tem o livre-arbítrio de escolher o que fazer, é bom pensar um pouco antes para não se arrepender depois.

༄༄༄༄༄༄

Não repasse aos outros seus problemas porque poderão voltar-se contra você mesmo

Sempre que o ser humano tem oportunidade, procura repassar aos outros os seus problemas pessoais.

Costuma agir assim para ver se consegue encontrar uma solução qualquer que, se não der certo, não será de sua responsabilidade. Na verdade, é como se quisesse "lavar as mãos", principalmente se a solução encontrada não for das melhores e algo sair errado.

Covardia? Fraqueza? Malandragem? Falta de vontade? Divisão de responsabilidade? Não saberia ao certo em qual delas devemos encaixar essa atitude. Entretanto, uma coisa é certa, na medida em que transferimos aos outros a responsabilidade de resolver nossos problemas, estaremos assumindo total despreparo ou até mesmo fraqueza para enfrentar e resolver nossos próprios problemas. E isso ficará muito transparente a todos.

༺༻༺༻༺༻༺༻༺༻༺༻

Gato escaldado tem medo de água fria

Se colocarmos um gato dentro de uma bacia de água quente, o suficiente para ele se queimar, dali em diante, ele passará a ter medo de água, mesmo que seja fria, porque não saberá distinguir uma da outra.

Em relação ao ser humano ocorre a mesma coisa.

Basta fazer alguma coisa de errado para ficar com medo de assumir outros compromissos e fracassar novamente.

Agindo desta maneira, não terá como se desenvolver porque é justamente errando que se aprende.

༺༻༺༻༺༻༺༻༺༻༺༻

A felicidade não se adquire. Se desenvolve

Enquanto para algumas pessoas a felicidade é apenas um estado de espírito, para outras é uma espécie de prêmio conquistado depois de atingir determinada idade.

O mais importante de tudo é entender e aceitar que a felicidade está dentro de cada um de nós, basta desenvolvê-la e utilizá-la no seu dia-a-dia.

༺༻༺༻༺༻༺༻༺༻༺༻

Cada ser humano deve ser motivado de forma diferente

Enquanto para alguns seres humanos um "por favor" já basta, para outros será necessária atitude mais drástica, como uma ameaça, por exemplo.

O importante de tudo isso é que, de uma forma ou de outra, sempre teremos que encontrar um jeito de fazer as pessoas reagir e lutar para conquistar seus ideais de vida, nem que seja através do PEBUN (pé na bunda) para sair da situação em que estão.

O pensamento positivo faz milagres

Dizem as estatísticas que o ser humano utiliza 5% da capacidade de seu cérebro e, na maioria das vezes, negativamente.

Pois bem, se com apenas 5% o ser humano consegue criar tantas coisas boas e interessantes, imaginem, só por um instante, o que poderia fazer utilizaremos mais o seu cérebro com pensamentos positivos, de ajuda ao próximo etc. Só não conseguirão fazer milagres porque esta incumbência só a Deus pertence.

A melhor das mentiras é a verdade

Dizem por aí que a maior das mentiras acaba sendo a própria verdade. Se pensarmos a respeito, seremos obrigados a acreditar nesta afirmação, embora a princípio isso pareça difícil. Afinal a mentira é apenas uma pequena história, inventada pelo ser humano para justificar algo ou alguma coisa que deixou de fazer ou a que fez de forma errada.

Entretanto, em algumas situações, a verdade acaba sendo interpretada como se fosse uma mentira e por mais que se tente confirmá-la, dificilmente as pessoas aceitarão.

Imaginem, por exemplo, uma pessoa que tem um compromisso profissional no dia seguinte, logo pela manhã e, por qualquer motivo, o relógio de sua casa não despertar. Por mais que tente explicar o que aconteceu, ninguém irá acreditar, porque as pessoas não têm o hábito de falar a verdade, preferindo ficar inventando mentiras.

Oxalá algum dia as coisas se invertam e passemos a usar apenas a verdade.

Só o amor constrói

Somente muito amor, distribuído às pessoas indistintamente, fará com que o ser humano seja útil ao próximo e construa alguma coisa boa nesta vida.

Como resultado desse comportamento, com toda certeza formará um lastro tão grande dentro de si que servirá de base para o seu próprio futuro, nesta ou em outras encarnações.

Qualquer outro sentimento dado às pessoas, além de não trazer os resultados esperados, poderá desviar a outros caminhos, que, além de não trazer felicidade alguma, tampouco valerá para o futuro.

A pressa passa e a porcaria fica

Quantas vezes o ser humano realiza uma tarefa de forma apressada, até sem nenhuma necessidade, e acaba obtendo resultado completamente diferente daquele que era o objetivo.

Esta situação ocorre com muita freqüência no cotidiano das empresas, por parte daquelas pessoas que de chefe, supervisor, gerente ou qualquer outra função parecida só têm a designação.

A permanência de algumas pessoas nesses cargos, às vezes até sem merecer, que vivem propondo soluções milagrosas, só para demonstrar a seus superiores eficiência e rapidez na execução dos serviços, pode causar muita confusão e grande tumulto, com a obtenção de resultados pouco práticos.

O pior de tudo é que depois de algum tempo, quando percebem as besteiras que fizeram, simplesmente acabam pedindo demissão ou até mesmo sendo dispensadas, deixando muitos problemas para ser resolvidos.

Portanto, sempre que o ser humano se vir tentado a realizar algo, que o faça somente depois de pensar um pouco a respeito, principalmente quanto aos resultados a ser alcançados, para não perder seu tempo nem tampouco o de outras pessoas.

A velhice nas pessoas aflora as experiências adquiridas

Na medida em que o ser humano atinge determinada idade, as experiências armazenadas durante toda a sua vida tornam-se automaticamente mais evidentes, claras e úteis, porque todos os problemas que encontrar pela frente serão situações pelas quais já terá passado pessoalmente ou, na pior das hipóteses, já tomou conhecimento, tornando-se simples de ser enfrentadas e resolvidas.

Se o ser humano não tem coragem de tomar alguma decisão de que precisa, certamente alguém "lá de cima" tomará por ele

Quantas vezes o ser humano tem um problema qualquer para resolver e fica protelando o tempo todo, porque não tem a necessária coragem de tomar nenhuma decisão.

Na vida profissional, por exemplo, quando está insatisfeito com o trabalho que executa ou com a empresa em que trabalha, e fica durante anos a fio sem tomar nenhuma atitude para melhorar sua situação, quer seja procurando outra empresa ou até mesmo outro lugar para trabalhar, com toda certeza alguém "lá de cima" agirá por ele, podendo ser até mesmo pela própria dispensa da empresa, que neste caso será apenas um veículo para que a ordem "lá de cima" seja cumprida.

Só desejamos que seja de pleno entendimento e aceitação de quem está envolvido no fato.

O bom filho à casa torna

Às vezes os filhos não entendem muito bem o comportamento dos pais em relação a eles e acabam saindo de casa em busca de uma nova vida, apenas para se ver livres deles.

Na medida em que forem assumindo suas próprias casas e posteriormente a condição de pais, que são inevitáveis nesta vida, começarão a entender o porquê do comportamento dos pais e acabarão voltando ao convívio deles, dando-lhes o devido valor.

Só não devem deixar que isso ocorra tarde demais, para não chorarem em cima do caixão, porque aí só restará a saudade e o sentimento de culpa.

Não se encontra a solidão, nós a fazemos
(Marguerite Duras, escritora francesa — 1914-96)

Na verdade, a solidão é apenas um estado de espírito, momentâneo ou não, que o ser humano cria quase sempre para se proteger de algo ou alguma coisa, ou até mesmo para poder pensar com mais calma na solução de um problema qualquer que está enfrentando.

Na medida em que ele se desenvolve espiritualmente, é claro, não vai mais querer ficar próximo nem tampouco se relacionar com pessoas que não lhe trazem nada, dando preferência a se aproximar apenas das que possam lhe ensinar ou mesmo trazer alguma coisa.

Como na maioria das vezes as pessoas se recusam a ensinar o que sabem, a tendência será ficar sozinhas.

Uma coisa é certa, quanto maior o desenvolvimento espiritual do ser humano mais tenderá a ser solitário, criando, como conseqüência, sua própria solidão.

Antes só do que mal acompanhado

As companhias, por mais simples que possam ser, colegas ou amigos, são muito importantes porque sempre poderão servir de abrigo nos momentos mais difíceis.

Entretanto, da mesma forma que podem ser úteis e benéficas, poderão ser más e completamente perniciosas também.

Caso isso ocorra é melhor cortar logo o mal pela raiz e ficar sozinho, porque é melhor do que mal acompanhado.

O bem público é a lei suprema
(John Keynes, economista britânico — 1883-1946)

Dizem por aí que o ser humano toma mais cuidado com as coisas alheias do que com as suas próprias.

É evidente que isso só pode ser verdadeiro quando falamos de indivíduos honestos, trabalhadores e honrados que sabem muito bem o quão importante é o respeito pelas coisas alheias, por sinal, cada vez mais difícil de se ver nas pessoas.

Digo isso porque estamos presenciando uma inversão total de valores, com a degradação sistemática e contínua dos bens públicos, ruas, avenidas, estradas, praças públicas, parques e jardins, transportes públicos, hospitais, escolas públicas, enfim, de qualquer obra construída com o dinheiro do povo, para o povo e, mesmo assim, as pessoas teimam em não cuidar delas.

Exemplo negativo também nos é dado pelos políticos que, de forma geral, nunca honram o trabalho a eles destinado, dilapidam sistematicamente o dinheiro público com obras faraônicas e desnecessárias, esquecendo-se por completo de que estão dilapidando o que é seu também. Pobres coitados, eles não sabem o que fazem.

Nada do que foi será do jeito que já foi um dia
(música de Lulu Santos)

O mundo gira constantemente e, a cada segundo que passa, já aconteceram tantas coisas que jamais serão iguais àquelas ocorridas no segundo anterior.

Isso ocorre simplesmente porque o mundo sempre caminha para a frente, para o futuro. Logo, a cada hora, a cada minuto, a cada segundo atual, nada será do jeito que já foi um dia.

Quem meus filhos beija, minha boca adoça

Quem assiste à televisão, certamente já viu uma propaganda de crianças fantasiadas com roupas de bichos da selva. É a propaganda da empresa Parmalat, que vende produtos pasteurizados, direcionados em grande parte às crianças.

Esta propaganda tem sido do agrado geral, principalmente das crianças, mesmo daqueles que não torcem para a Sociedade Esportiva Palmeiras, tradicional clube esportivo de São Paulo patrocinado pela Parmalat. O resultado disso está na grande saída de tais produtos nos supermercados.

Na área de marketing é muito comum criar propagandas direcionadas às crianças, a fim de atingir os adultos. Outro exemplo prático ocorre quando fazemos uma visita a uma criança recém-nascida. Não importa aos pais o valor nem tampouco o tamanho do presente recebido, mas sim o fato de que estão recebendo uma visita para seu filho que acabou de nascer, e isso é o que conta.

Cada ser humano deve exercer seu livre-arbítrio

Todo ser humano possui dentro de si tudo do que precisa para viver bem, inclusive quanto a tomar suas próprias decisões, por mais difíceis, importantes ou complicadas que possam ser.

O ideal é sempre tentar viver sem depender dos outros, mesmo que seja apenas para receber algum conselho. Afinal de contas, o problema é exclusivamente seu.

Aprenda a se servir do livre-arbítrio para tomar suas próprias decisões e, se errar, não estará fazendo nada de errado, porque assim se aprende.

O medo do fracasso boicota boas iniciativas

O medo faz bem na medida em que pode ser controlado, porque medo todo mundo possui dentro de si.

É perfeitamente possível de ser controlado, porque se assim não fosse, não teríamos pessoas que se sobressaem em atividades fora do comum como pilotos de avião, de carros de corrida, astronautas, aeromoças, etc.

Na verdade, o medo controlado pode e deve ser usado apenas como forma preventiva para evitar possíveis fracassos. Quanto maior o medo, maior a prevenção e, como conseqüência, menor a possibilidade de fracasso.

Cabe apenas lembrar que, se não houver controle, provavelmente o medo boicotará quaisquer iniciativas do ser humano, antes mesmo de ser idealizadas e colocadas em prática.

A fé é comparada a uma planta: precisa de manutenção diária para sobreviver

Dizem por aí que o difícil não é conquistar, mas sim manter.

A fé do ser humano é um bom exemplo disso. Em vez de utilizá-la constantemente no seu dia-a-dia, como se fosse um complemento do ar que respira, o homem acaba relegando-a ao esquecimento tão logo consiga ultrapassar a dificuldade que está enfrentando, somente voltando a senti-la quando estiver novamente com problemas.

Já pensaram que resultados poderiam ser alcançados se adotássemos a fé em nosso cotidiano?

Compreender é o começo para aprovar
(Baruch Spinoza, filósofo holandês — 1632-77)

Todo ser humano sabe perfeitamente que um dos maiores empecilhos para se aprovar algo ou alguma coisa é a falta de conhecimento ou até mesmo de capacidade de entender o que está acontecendo.

A conseqüência é a ausência de entendimento que gera desconfiança, falta de compreensão e desaprovação ou recusa.

Portanto, torna-se absolutamente indispensável que, pelo menos quando necessário, utilize muita humildade para reconhecer que não entendeu muito bem as explicações ou orientações recebidas perguntando novamente.

Em briga de marido e mulher, não se deve meter a colher

Uma briga entre marido e mulher de vez em quando é até certo ponto normal e aceitável, principalmente se considerarmos que estão construindo uma vida completamente diferente do que estavam acostumados quando eram solteiros, pois não possuem modelo para ser seguido.

Essas brigas invariavelmente acabam logo quando existe um pouco de equilíbrio e muito respeito entre o casal. É justamente por este motivo que não é aconselhável as pessoas de fora se meterem na briga deles, porque logo farão as pazes e você, que se intrometeu em algo que não lhe dizia respeito, acabará ficando muito mal com os dois.

Devagar se vai ao longe

Se alguém tiver que percorrer uma distância muito grande e seguir caminhando de forma sempre pausada e constante, provavelmente chegará ao final do percurso sem estar muito cansado, principalmente porque seu corpo se acostumará a andar compassadamente e, salvo o cansaço físico, não terá nenhum outro problema.

Entretanto, se percorrer a mesma distância correndo, apesar de chegar mais depressa, estará tão cansado e seu coração terá despendido esforço tão grande que não terá valido a pena o risco que correu.

As uvas estão verdes

Originária da história infantil conhecida como "A raposa e as uvas", descreve uma situação em que uma raposa, não conseguindo pegar um cacho de uvas maduras e prontas para ser saboreadas por estarem muito altas e impossíveis de se alcançar, acabou encontrando uma desculpa para o seu fracasso, dizendo que não as havia pego porque estavam verdes.

Espelha a tendência do ser humano de sempre tentar denegrir e falar mal das coisas que não consegue ter nem tampouco realizar.

É o caso daquele que não consegue entrar numa universidade pública gratuita, a USP em São Paulo, por exemplo, porque não estudou o suficiente para isso e fica dizendo a todo mundo que foi bom não ter conseguido porque o curso desejado só tem aulas durante o dia e isso iria atrapalhar um pouco suas aulas de língua estrangeira ou então teria que deixar de freqüentar o clube etc.

Amai-vos uns aos outros

Na medida em que o ser humano passar a amar o próximo como a si mesmo, independentemente de ser parente, amigo ou até um simples desconhecido, este mundo, com toda certeza, será bem melhor, porque o amor é a base de tudo nesta vida.

Apenas lembrem-se que, em primeiro lugar, é preciso amar a si próprio, para depois amar os outros.

O Sol nasce para todos

Independentemente da situação econômico-financeira de cada um, de sua raça, religião, nacionalidade, estado civil, idade ou qualquer outro adjetivo, todos têm o direito de tomar sol quando este estiver brilhando, porque o astro rei, como é chamado, brilhará igualmente para todos.

É praticamente a mesma coisa dizer que todos têm o direito de usufruir as oportunidades que a vida oferece.

Em cada cabeça, uma sentença

Da mesma forma que não podem haver duas impressões digitais iguais, não existem também dois seres humanos que pensam da mesma forma.

Com toda certeza o Ser Maior, quando criou o homem, assim o fez justamente para que cada um tivesse a condição de exercer o livre-arbítrio, decidir o que deve ou não fazer de sua vida, independentemente da vontade de outras pessoas.

As pessoas aprendem pelo amor ou pela dor

Em cada segundo de sua vida o ser humano sempre terá a oportunidade de aprender algo ou alguma coisa.

Quando isso efetivamente acontecer deverá ter a necessária paciência, compreensão, equilíbrio, persistência, força de vontade, espírito de luta, entendimento e, principalmente, aceitação para poder perceber melhor as lições que a vida sempre oferece.

Entretanto, uma coisa é certa: se não conseguir aprender pelo amor, terá que aprendê-las pela dor.

O aprendizado das lições que a vida oferece faz parte do próprio crescimento espiritual do ser humano.

Antes de abrir a boca, ligue o cérebro

Palavras ditas de forma intempestiva, principalmente naqueles momentos em que o ser humano está um pouco nervoso e descontrolado, com algum problema mais grave para resolver, somente servirão para piorar um pouco mais as coisas.

Seria muito bom se nessas ocasiões, antes de falar qualquer coisa que, de uma forma ou de outra, possa ofender ou prejudicar alguém, pudéssemos pensar um pouco mais a respeito.

Acreditem, agindo assim muita coisa será evitada.

Amigo é coisa para se guardar debaixo de sete chaves

Na situação em que o ser humano está vivendo atualmente, é cada vez mais difícil conquistar e até mesmo manter um amigo, principalmente quando se trata daquelas pessoas que realmente são dignas de muita confiança, consideração, sem receio de ser traídas, enganadas ou passadas para trás.

Quando isso acontecer, caberá ao ser humano fazer todo o possível e até o impossível para conservá-las, porque são figuras muito especiais.

É como se tivesse de guardá-las a sete chaves, igual a um segredo ou uma coisa de grande valor.

Respeite para ser respeitado

Todo ser humano gosta de ser tratado com o respeito que julga merecer, seja pelos vizinhos, pelos motoristas ou cobradores de ônibus, pelos condutores dos veículos que estão à sua frente na estrada, que se apressam em dar passagem mesmo que você não peça, e até pelas pessoas que encontra na rua, que apesar de não o conhecerem, acabam se desviando para não dar um encontrão.

E você? Tem feito a mesma coisa? Que tal parar, pensar um pouco e pagar com a mesma moeda, respeitando para ser respeitado?

Às vezes, perdemos quando ganhamos, e outras, ganhamos quando perdemos

Uma situação que retrata fielmente este provérbio são os jogos de azar.

Imaginem determinada pessoa que, levada pelo desespero e tomada de muita fraqueza de espírito, acabe utilizando seu dinheiro em algum tipo de jogo de azar.

Pode ser loteria esportiva, loteria federal, jogo do bicho, roleta, cavalos, qualquer um dos que sabemos existir em profusão espalhados por este mundo afora.

Se na primeira vez que fizer isso perder seu dinheiro (sorte e azar não existem, o que há é o merecimento de cada um), na verdade estará ganhando muita experiência e provavelmente nunca mais irá tomar essa atitude, porque dinheiro fácil não existe.

Em compensação se tiver o merecimento de ganhar alguma coisa, provavelmente ficará tão viciado que durante o resto da vida vai tentar novamente. O resultado é que acabará ficando na miséria.

A mentira tem pernas curtas

A mentira sempre correrá o risco de ser descoberta, até com certa facilidade por ser fruto da imaginação do ser humano e calcada em fatos que não são reais. Fatalmente será diferente a cada vez que for relatada, exatamente ao contrário do que ocorre com a verdade que, por estar baseada em fatos reais, sempre será exatamente igual, não importando a quantidade de vezes que alguém tenha que repetir.

Não há mal que sempre dure, nem bem que nunca se acabe

Por mais difícil que possa parecer em qualquer situação que o ser humano esteja enfrentando, quer seja originada na vida profissional ou particular, ele sempre deverá ter a necessária paciência para enfrentar com muita motivação e esperança no futuro porque, com toda certeza, Deus é grande e sabe muito bem o que faz.

Deve-se considerar ainda que tudo na vida tem dois lados: o positivo e o negativo. Isto quer dizer que diariamente estaremos sujeitos a enfrentá-los alternadamente. Ora positivo, ora negativo.

O que serve de consolo é que com toda certeza nenhum dos dois lados é imutável ou durará para sempre.

A criatividade consiste em descobrir o desconhecido
(Jerzi Grotowski, teatrólogo polonês — 1933-99)

Criatividade nada mais é do que realizar as mesmas coisas de forma diferente, conseguindo atingir os mesmos resultados.

Justamente por isso que na medida em que o ser humano inovar a forma de fazer as coisas, ou seja, utilizar todo seu potencial de criatividade, fatalmente irá descobrir coisas novas, porque fazendo sempre do mesmo jeito não estará acrescentando nada no processo evolutivo do mundo e da própria sociedade em que vive.

Deus escreve certo por linhas tortas

Diariamente o ser humano recebe certos avisos nem sempre perceptíveis a olho nu e, justamente por isso, não consegue compreender.

Tanto pode vir na forma de um simples aviso como de um sonho, doença ou até mesmo um acidente qualquer.

Uma batida de carro, por exemplo. Quando isso ocorre, fica reclamando o tempo todo, independente do fato de não ter tido nenhum prejuízo, porque está no seguro.

Será que este pequeno incidente não é um aviso de que alguma coisa maior poderia acontecer? Como atropelar pessoas ou ter um acidente mais grave?

A mensagem do Ser Maior é sempre certa, porém enviada por intermédio de linhas tortas, justamente para que o ser humano possa pensar a respeito, interpretar e entender a mensagem recebida.

Após a tempestade, vem a bonança

O ser humano precisa lembrar muito bem deste provérbio quando enfrenta algum problema mais sério na vida. Por menor que possa ser, para ele certamente será muito complicado de resolver e parece demorar uma eternidade.

Nestas ocasiões, é preciso ter muita paciência, paz e tranqüilidade para enfrentar e resolver os problemas porque com toda certeza, após resolvido, virá a calmaria.

Nem sempre o que é bom para você também será para os outros, principalmente se forem seus filhos

Por maior que seja a boa vontade do ser humano em querer ajudar os outros, sempre deverá ter muito cuidado para não criar nenhum constrangimento ou embaraço para quem recebe, principalmente quando quer impor algo ou alguma coisa que foi boa para ele.

Isso ocorre com muita freqüência no relacionamento entre pais e filhos, principalmente quando os pais insistem em impor suas vontades e seu modo de pensar, em vez de aceitar a dos filhos.

Afinal de contas, os pais precisam entender que nem tudo que é ou foi bom para eles também será para os filhos.

O pensamento é uma realidade mental que atrai a realidade física

Todo ser humano vive de desafios, quer seja na forma de previsões, planos, metas, projetos etc., que se originam em seu cérebro de forma tão rápida que quase ninguém percebe.

Esses desafios somente são colocados em prática após terem sido mais ou menos definidos ou, na pior das hipóteses, pelo menos delineados na cabeça do ser humano, porque é ali que começam a se concretizar.

O desenvolvimento, o detalhamento, o acompanhamento e a materialização do trabalho serão apenas conseqüência, transformando em realidade física o que já havia sido delineado como realidade mental.

Na vida, nada acontece por acaso

Invariavelmente, o ser humano costuma dizer que tudo é uma questão de sorte ou de azar. Por diversas vezes já tivemos a oportunidade de confirmar que nesta vida nada acontece por acaso, muito pelo contrário. Sempre existe uma razão de ser, quer seja boa ou má.

Uma doença em família, batida de carro, mudança de emprego, repetição de ano letivo na escola, cruzar com pessoas com quem não mantemos um bom relacionamento, falta de dinheiro são bons exemplos, além de tantos outros que podem nos atingir.

O mais importante de tudo é que sempre deverá analisar o que ocorreu de forma clara, detalhada, e principalmente sem nenhuma pressa, procurando enxergar as coisas exatamente como elas são, quer seja do lado positivo ou negativo. Se isso realmente acontecer, deverá manter muita calma e coragem para enfrentar a situação porque, quanto mais rapidamente entender o ocorrido, mais cedo voltará à normalidade.

O ótimo é inimigo do bom

Quantas vezes o ser humano deixa de fazer algo ou alguma coisa, até mesmo de completar um serviço no tempo previsto, porque está sempre querendo fazer o melhor possível.

Não percam muito tempo procurando fazer as coisas sempre da forma perfeita, quando o bom poderá servir do mesmo jeito.

Lembrem-se deque na vida só houve uma pessoa perfeita e mesmo assim morreu na cruz.

O avô constrói, o filho mantém e o neto destrói

Não faltam exemplos de empresas familiares, por sinal antigas, que foram construídas com muito sacrifício pelo avô e hoje desapareceram por completo ou tiveram que ser vendidas para continuar funcionando.

Algumas pessoas atribuem essa situação aos nossos governantes que, através da política de manter os juros altos, acabam levando o empresário à falência. Outros imputam à própria situação mercadológica, com a competição cada vez maior com os produtos importados que chegam ao nosso mercado com preços inferiores, e ainda à diminuição do poder aquisitivo das pessoas, que passaram a comprar o estritamente necessário.

Entretanto, existem as que preferem atribuir o fato a diferenças de metodologias administrativo-operacional aplicadas entre os avós e os netos porque, enquanto os primeiros colocavam a permanência da empresa como prioritária, procurando reinvestir os lucros na própria empresa, assim como se fosse uma reserva para o futuro, os segundos põem o resultado em primeiro lugar, e não raras são as vezes que retiram o que podem para financiar viagem de passeios ou aumentar o patrimônio pessoal.

Não sei qual deles está correto, entretanto uma coisa deve ser ressaltada. Será que os netos são preparados e treinados para a nova função ou é mais um daqueles casos em que, por serem da família, já têm garantido um lugar de destaque na empresa, independentemente de seu conhecimento, capacidade ou até mesmo vontade de ocupá-lo. Não devemos esquecer que uma das piores coisas que podem acontecer ao ser humano é ser obrigado a fazer alguma coisa que não gosta.

As conseqüências já são conhecida por todos.

É melhor prevenir do que remediar

Este provérbio é o mesmo que dizer: "É melhor guardar dinheiro hoje para ter amanhã", ou "É melhor preparar-se com a devida antecedência para as coisas que poderão acontecer no futuro, do que esperar pelo pior e não tomar providência nenhuma".

É evidente que este provérbio não se refere apenas e tão-somente a dinheiro, mas sim a todas as outras coisas na vida, principalmente no que diz respeito ao crescimento espiritual de cada um. Só assim será possível aceitar e compreender as coisas que certamente virão no futuro.

Nada vem de graça. Portanto, mãos à obra

O ser humano se engana quando pensa que a vida é um eterno mar de rosas, que viemos aqui para passear, viajar, ficar sentado em berço esplêndido, só esperando as coisas acontecerem.

Na verdade, desde o instante em que fomos gerados no útero materno, até o dia do juízo final, será uma sucessão de esforços e uma luta constante para se conseguir as coisas. Não fiquem aí parados como um poste, apenas esperando as coisas acontecerem por si só.

Mãos à obra, porque de graça não existe nada nesta vida, nem o ar que você respira. Lembrem-se sempre que as coisas conquistadas com esforço terão muito mais valor.

O excesso de autocrítica paralisa

O ser humano está tão habituado a criticar os outros que, quando menos espera, acaba se tornando o maior crítico de si mesmo.

Quando isso ocorre fica tão entretido e compenetrado em ser o mais perfeito possível naquilo que faz, que acaba completamente paralisado, com medo de fazer alguma coisa que não seja perfeita e ser criticado pelos outros. Neste caso, ficará completamente inerte sem fazer absolutamente nada, como se tivesse morrido e esquecido de deitar.

Perante Deus... somos todos iguais

Apesar das enormes diferenças entre os seres humanos, sejam homens ou mulheres, ricos ou pobres, loiros ou morenos, altos ou baixos, gordos ou magros, feios ou bonitos, inteligentes ou não, perante a Lei Divina todos são absolutamente iguais e, portanto, recebem a mesma atenção.

Se esta afirmativa não fosse verdadeira, a vida não teria o menor sentido, principalmente quando nos deparamos, pelas ruas, com algum deficiente físico.

Se o ser humano ainda não conseguiu entender e aceitar estas pessoas, é porque ainda está completamente despreparado para enfrentar a vida exatamente como ela é.

Neste caso, deverá tomar conhecimento das coisas através de algumas leituras para, pelo menos, aprender a entender o que ocorre ao seu redor.

Deus ajuda a quem cedo madruga

O Ser Maior sempre está disposto a ajudar todos aqueles que levantam cedo, quer seja para trabalhar, procurar emprego, ajudar os outros, viajar a negócios ou até mesmo a passeio. Enfim, para realizar qualquer atividade saudável e produtiva.

Ao levantar cedo, o ser humano sempre estará associado a fazer as coisas com muita força de vontade, espírito de luta e disposição para enfrentar os problemas diários e contribuir para melhorar sua vida e a de todos que o cercam.

Quem vê cara não vê coração

A beleza física é um dos primeiros atributos que o ser humano leva em consideração quando coloca os olhos em outra pessoa, porque ainda considera que "a primeira impressão é sempre a que fica".

Ocorre que a beleza exterior não tem nada a ver com a interior, aquela que não aparece, que só conheceremos depois de conviver um pouco mais com a pessoa na qual estamos interessados.

Portanto, cuidado ao escolher as pessoas pela beleza que aparentam.

Mão aberta... mão cheia

Dizem por aí que o ser humano que tem "mão aberta" geralmente não possui nada porque gasta muito, não economiza nada, distribui tudo o que consegue, está sujeito a ficar sem nada na vida.

Se levarmos este provérbio pelo lado da ajuda ao próximo, vamos perceber que o "mão-aberta", na verdade, é pessoa muito bondosa, que está sempre pronta a ajudar os mais necessitados, e é justamente por isso que, quando abre a mão para dar alguma coisa aos outros, acaba recebendo também.

O que se recebe nessas ocasiões sempre é muito maior do que o que se dá. A sobra que fica em suas mãos é suficiente para viver bem e infinitamente melhor do que as pessoas mão-fechada, que por não ajudar os outros não ganham nada nunca.

🙞🙜🙞🙜🙞🙜🙞🙜🙞🙜🙞

Quem espera sempre alcança

Tudo na vida do ser humano tem hora certa para acontecer.

A impaciência e a irritação só farão a pessoa ficar mais desatenta, a ponto de não perceber quando a sua oportunidade realmente chegar.

Aguarde a sua vez com calma e serenidade, que ela com certeza virá um dia.

🙞🙜🙞🙜🙞🙜🙞🙜🙞🙜🙞

Sou a única pessoa no mundo que realmente queria conhecer bem
(Oscar Wilde, escritor e dramaturgo irlandês — 1854-1900)

As necessidades do mundo atual impelem constantemente o ser humano para novos desafios, conhecimentos e habilidades para se desenvolver cada vez mais, tentando alcançar o infinito.

É a vontade cada vez maior de saber, conhecer, conquistar. E é justamente por isso que economistas, advogados, engenheiros, médicos, cientistas etc., estão sempre à procura do conhecimento máximo no presente, para garantir o mínimo no futuro.

Entretanto, por maior que seja a inteligência atingida pelo ser humano, com toda certeza será muito mais difícil conhecer a si próprio, com todas as suas virtudes e defeitos. Se isso fosse possível, certamente este mundo seria muito melhor, com cada um procurando aproveitar ao máximo potencialidades inatas.

੭੭੭੭੭੭੭੭੭੭੭

Somos o que fazemos, mas somos principalmente o que fazemos para mudar o que somos
(Eduardo Galeano, escritor uruguaio)

O ser humano invariavelmente é medido por aquilo que faz, suas realizações, desempenho profissional, comportamento, ações etc.

Entretanto, existe uma coisa muito mais importante do que tudo isso, que é o que fazemos para mudar o que somos, modificar nosso comportamento, maneira de agir, de pensar, sempre procurando atingir um nível melhor.

Na verdade é a busca incessante e contínua pelo melhor em benefício próprio, das pessoas que o rodeiam, da comunidade em que vive e da própria humanidade.

Esta é uma das maiores obrigações do ser humano, ou seja, procurar sempre o melhor.

੭੭੭੭੭੭੭੭੭੭੭

Culpar os outros por seus erros não resolve nada

O ser humano tem o péssimo hábito de culpar os outros por seus atos, defeitos ou fracassos, quer seja como marido, pai de família, filho, irmão, colega, chefe etc.

De repente é como se todos estivessem errados e ele o único certo. Quanto desperdício de tempo; afinal de contas, culpar os outros eternamente por seus erros não fará bem algum, nem para eles e principalmente para você.

Se cada um fizer a sua parte este mundo será bem melhor

Todo ser humano nasce com uma missão a ser cumprida, porque, se assim não fosse, a vida não teria o menor sentido.

Diante disso, e até pela dificuldade que tem em descobrir sua verdadeira missão, procurem fazer a sua parte da melhor maneira possível, transmitindo bons exemplos, respeitando as leis divinas e principalmente o ser humano, transmitindo muito amor e paz ao próximo.

Se não conseguirem agir dessa forma, pelo menos tentem não fazer mal aos outros nem transmitir exemplos negativos, porque dessa forma estarão dando um enorme passo para cumprir suas missões, independentemente de quais sejam.

Cada um tem de fazer a sua parte

É muito comum as pessoas ficarem reclamando que a culpa da sujeira das ruas é da prefeitura, pela falta de empregos é do presidente da República, pelas enchentes é do governo estadual etc.

Na verdade, o ser humano tem que apenas procurar fazer a sua parte, seja na sua conduta pessoal ou profissional, no relacionamento com seus familiares e amigos e principalmente com respeito aos seus semelhantes, porque se assim proceder estará dando enorme passo para tornar este mundo um pouco melhor, pelo menos no que lhe compete.

Em time que está ganhando não se mexe

Este provérbio, provavelmente criado por algum treinador de futebol para justificar a não alteração do time, serve para justificar que quando temos um grupo de pessoas envolvido com alguma coisa, seja jogando bola, pescando ou trabalhando, que está dando certo, é sempre bom não mexer para não atrapalhar, ou seja, deixar exatamente como está. Afinal de contas, se o entrosamento e a participação entre eles já existem, para que mexer?

Vocês já pensaram no risco de se alterar a composição de uma equipe de médicos que faz transplante de coração?

Sempre é hora de se fazer o que é certo, na hora certa

Uma das maiores vantagens do ser humano é entender e aceitar, logo cedo, que nesta vida existe hora para tudo.

Hora de falar, ouvir, dormir, acordar, discutir, ficar calmo, descansar, trabalhar, brincar, pensar, rezar, amar etc.

Entretanto, existe uma coisa que não tem hora nem lugar para acontecer. É o ato de fazer as coisas que a Lei Divina considera como "certas", mesmo que muito simples de ser realizadas. Ajudar os outros, ser educado e gentil, transmitir amor e experiência possuídas são apenas alguns destes exemplos, que não têm dia, hora nem tampouco lugar para ser realizadas.

Ser é mais importante do que fazer ou ter

O ser humano somente consegue atingir posição de destaque na vida depois de algum tempo e uma preparação mais demorada e cuidadosa, quer seja em nível pessoal, profissional ou até mesmo psicológico.

Para se transformar num bom médico, por exemplo, tem de fazer muito sacrifício, dedicar muitas horas de sua vida aos estudos, deixando de aproveitar grande parte de sua juventude.

Depois de formado, deverá fazer estágios em diversos hospitais até conseguir aprimorar-se e atingir seu objetivo final que é *ser* um bom profissional.

O *fazer* algo ou alguma coisa é apenas um ato isolado de realizar uma tarefa, naquele momento, sem necessidade de preparação mais demorada.

O *ter* é um sentimento de posse que as pessoas possuem, às vezes até sem merecer. Enquanto *ser*, é o resultado de um objetivo alcançado na vida permanente, o *fazer* é realizar um ato presente e o *ter* é apenas uma conseqüência.

Cada um deve viver à sua maneira

Embora existam regras de etiqueta descrevendo como as pessoas devem vestir-se, fazer suas refeições, comportar-se pessoal ou profissionalmente, todo ser humano deve procurar viver à sua própria maneira, para ser feliz consigo mesmo.

Entretanto, jamais deverá deixar de respeitar o direito dos outros, que sempre se inicia quando terminar os seus.

A melhor maneira de cumprir as ordens recebidas é saber qual a sua finalidade

O ser humano de forma geral se acostumou tanto a cumprir ordens que acaba cometendo muitos erros, alguns muito elementares e até fatais para a própria vida, simplesmente por recusar-se ou ter medo de fazer a clássica pergunta antes de começar algo ou alguma coisa: para que eu tenho que fazer isto?

Experimente raciocinar um pouco em cima da resposta obtida e verá a importância da tarefa a ser cumprida, até porque, com toda certeza, deverá trazer maior segurança e determinação na obtenção do objetivo final.

A motivação é a energia que move nossas vidas

A motivação é uma espécie de força energética que todo ser humano possui dentro de si. Se utilizada adequadamente, permite atingir todos os objetivos de vida, desde que possíveis, é claro, e também haja esforço para que isso realmente venha a ocorrer.

Quem não tem motivação é comparado a um barco a vela que está parado no meio do oceano porque não tem vela ou ela está rasgada. Não afunda, mas também não sai do lugar, ficando ao sabor das ondas que tanto podem trazê-lo para terra firme como levá-lo a lugar distante.

Que o ser humano tenha a serenidade para aceitar aquilo que não pode mudar, a coragem para mudar o que deve e a sabedoria para distinguir uma coisa da outra

Quantas vezes o ser humano insiste em querer mudar algo que está funcionando perfeitamente, só para mostrar a todos que fez alguma coisa. Entretanto, após decorrido algum tempo, as coisas acabam ficando piores do que estavam.

Se ele tivesse a serenidade para aceitar aquilo que não pode, ou melhor, não precisa ser mudado, muitos problemas poderiam ser evitados, porque mudar para dizer que mudou só dará certo no primeiro momento.

O importante na vida é saber distinguir uma situação da outra para evitar problemas maiores no futuro.

É uma estrada de mão única

Existem certas decisões na vida que o ser humano, após tomadas, não tem nenhuma condição de voltar atrás, por mais que possa tentar.

Estou falando das drogas, mais precisamente do crack.

Se num momento de fraqueza qualquer, alguém sucumbir à infeliz idéia de experimentar a maconha, ainda que, com grande sacrifício, conseguirá se recuperar e sair dela. Mas se optar pelo crack ou a heroína, nunca mais terá condição de voltar. Aí, só lhe restará administrar o melhor possível o pouco tempo de vida que terá pela frente, que, por sinal, será a única maneira de se libertar da droga, porque ficará eternamente dependente dela.

Por trás de qualquer problema sempre existirá uma causa

Quantas vezes o ser humano é extremamente crítico em relação a um pequeno acontecimento sem muita importância, e acaba deixando para trás outros de grande significado, que não consegue ver.

Por exemplo, é capaz de perceber uma nota baixa na caderneta escolar de seu filho e deixar de ver, nele, outras virtudes muito maiores do que a nota baixa que recebeu.

Não queremos com isso incentivar os pais a se utilizar de outro provérbio conhecido que diz "Deixa como está para ver como é que fica". O ideal é verificar, com a devida calma, o que pode ter ocorrido e tentar reverter a situação o mais rapidamente possível e sem traumas. De repente, poderá constatar que a nota baixa nada mais é do que o reflexo de uma situação muito maior existente dentro da própria casa.

O homem não deve escrever a História. Deve fazê-la
(John Fitzgerald Kennedy)

Dizem por aí que o ser humano não tem memória. Com pouquíssimas exceções, nunca se preocupa em preservar a memória daqueles que fizeram a História de seu país, nem tampouco as lutas ou batalhas que tiveram que enfrentar para se atingir o estágio atual de desenvolvimento.

O simples fato de recordar ou até mesmo de mostrar o passado aos filhos serve de incentivo para instigar a todos na conquista de novos caminhos e, automaticamente, dar seqüência na própria História.

Certas pessoas erram tanto que não conseguem mais distinguir o certo do errado

Uma das maiores malandragens que o ser humano pode aprender na vida está em descobrir seus próprios defeitos e saber como administrá-los da melhor forma possível.

Falando desta forma, parece ser tarefa simples, mas tenham absoluta certeza de que não é. Falar muito alto, por exemplo, é um pequeno exemplo de defeito muito comum no ser humano.

Na medida em que ele se acostumar a falar alto com as pessoas, vai considerar virtude, sendo capaz até de encontrar algumas vantagens neste procedimento.

Quando isso acontecer, o retorno à normalidade será muito difícil, senão impossível.

Promessa: nunca mais dizer sim quando quero dizer não

Quantos jovens gostariam de ter conhecido, entendido e aceitado este provérbio, antes de cometerem alguns atos impensados na vida.

Às vezes, na juventude, por pressão de um bando de colegas estúpidos, marginais e idiotas que, fazendo-se de amigos, os fizeram experimentar algum tipo de drogas, simplesmente porque não tiveram a devida coragem de dizer NÃO.

Este exemplo serve para todos. Afinal de contas, Deus deu uma cabeça para cada ser humano justamente para poder pensar e tomar suas próprias decisões, independentemente da pressão dos outros.

É melhor ter um cachorro amigo do que um amigo cachorro

Se tivéssemos que definir o que é um cachorro amigo, diríamos que é aquele que come pouco, não faz sujeira dentro de casa, que come qualquer comida, que não rosna ao tomar banho pelo menos três vezes por semana, que não cheira a cachorro, que não morde nossos filhos, amigos ou até mesmo vizinhos, que não late de madrugada e, finalmente, só ataca os ladrões.

Em compensação um amigo cachorro é aquele que sempre se aproveita de nós quando aparece uma oportunidade, rouba nossa namorada, não paga o que deve, é mentiroso, vive arrumando confusão, nunca está presente quando mais precisamos dele etc.

Depois dessas simples definições, alguém é capaz de ir contra o provérbio em questão?

Quem parte e reparte sempre fica com a melhor parte

O ser humano quando tem que repartir algo ou alguma coisa sempre o faz da forma mais rápida possível, para livrar-se logo da responsabilidade.

Age desta forma porque sabe muito bem que sempre poderá suscitar dúvidas em relação à forma como está repartindo e também porque é extremamente desagradável fazer isso sem que seja constantemente colocado à prova.

Entretanto, há aquelas pessoas que demoram muito para repartir as coisas com os outros e finalmente quando o fazem acabam despertando muita desconfiança, dando origem ao provérbio em questão.

Nada como um dia após o outro

Se num dia destes qualquer perceber que as coisas não estão bem, ou seja, indo na direção contrária à que você gostaria que fossem, não se desespere nem desanime.

Procure entender que haverá outro dia e quem sabe as coisas serão bem melhores, independentemente de você fazer alguma coisa para que isso ocorra.

Portanto, é só ter paciência e esperar um pouco porque as coisas poderão ser resolvidas sem sua participação. E se isso não ocorrer, pelo menos você terá tempo mais do que suficiente para encontrar outra solução.

Para se conhecer uma pessoa, é preciso comer um quilo de sal junto

Para se consumir um quilo de sal é necessário que decorram alguns dias e às vezes alguns meses, porque, normalmente, só é utilizado no almoço ou no jantar.

Isso quer dizer que, para conhecer um pouco melhor as pessoas, o ser humano deverá conviver com elas pelo menos enquanto durar o quilo de sal. Só assim terá a oportunidade de saber como elas vão reagir durante este tempo todo, nas diversas situações que irão aparecer, quer seja no relacionamento com os filhos, parentes e amigos, vizinhos etc.

Somente após esta experiência é que terá alguma condição de afirmar se conhece um pouco determinada pessoa. Antes disso, qualquer afirmativa que fizer será mera suposição.

A experiência é fruto da árvore dos erros

Tornou-se muito comum a firmar que, pelo menos, "valeu pela experiência", quando tentou fazer algo ou alguma coisa que acabou não dando certo.

Esta frase, por si só, já define bem este provérbio, porque é justamente nas coisas mais difíceis e complicadas que acabamos aprendendo alguma coisa, quer seja boa ou ruim.

Na pior das hipóteses, a insistência e a obstinação, em determinadas circunstâncias, serão sempre benéficas, principalmente quando se trata de fazer uma revisão dos erros praticados no passado, porque só assim conseguiremos evitar a sua ocorrência no futuro.

Saber reconhecer o erro é uma grande virtude

Se errar é humano, reconhecer o erro também deveria ser. No entanto, ninguém o faz porque reconhecer um erro, que é um ato humilde e muito digno, acaba se transformando num ato de fraqueza, de confissão de culpa em público, de sua falta de conhecimento ou até mesmo de capacidade.

É o medo de ter feito algo ou alguma coisa errada e passar vergonha na frente dos outros. E, com isso, conseguem transformar um ato grandioso e próprio de quem possui virtudes em coisa ridícula e sujeita a toda série de críticas, esquecendo-se de que é apenas e tão-somente um ser humano.

Filhos crescem, casam e nos dão netos. Não necessariamente nessa ordem
(Eugênio Mohallen — publicitário mineiro)

Uma das frases atribuídas ao Ser Maior que serve como símbolo do crescimento populacional é "Crescei-vos e multiplicai-vos".

Entretanto, em função do surgimento da AIDS (síndrome da imunodeficiência adquirida) os jovens deixaram de "aprender sexo" com aquelas mulheres que ganham a vida alugando o corpo e passaram a aprender com suas próprias namoradas. Estas, por sua vez, incentivadas pelos meios de comunicação, começaram a "aproveitar as coisas boas da vida", pelo menos é o que dizem, e iniciam suas relações sexuais antes mesmo do casamento.

Na ânsia de aproveitar a vida mais cedo, esquecem de usar camisinha (preservativo masculino que ajuda a evitar filhos) e acabam engravidando precocemente, fazendo com que os pais se tornem avós sem ao menos terem sido padrinhos de casamento.

Sei da existência de inúmeros casos que, apesar disso, se tornaram excelentes pais, conseguindo levar adiante uma relação que começou dando sofrimento a muita gente.

Ocorre que, na maioria das vezes, as coisas não passam de simples diversão ou até mesmo pura irresponsabilidade e as conseqüências são muito difíceis, não só para os próprios filhos que, de uma hora para outra, acabam perdendo a juventude, mas também para os pais que não estão muito preparados para enfrentar esta situação.

Não vou julgar se estão corretos ou não. Somente gostaria de relembrar que, na vida, existe hora e tempo para tudo.

A grande malandragem é fazer as coisas na época certa.

A ocasião faz o ladrão

Quantas pessoas são subtraídas de seus pertences valiosos porque vivem deixando à mostra para todo mundo ver.

Agindo dessa forma, despertam a cobiça de outras pessoas que, por estarem passando dificuldades financeiras, às vezes sem terem o que comer e ainda por não possuírem o necessário equilíbrio para entender certas coisas que a vida nos prepara, acabam fazendo o que não devem. Roubam, matam e estragam sua vida e de outras pessoas também.

Isso só nos faz pensar que se não existisse tanta facilidade provavelmente não teríamos muitas pessoas desonestas, porque nunca seriam incentivadas a roubar ou enganar os outros.

As obrigações não devem impedir a realização dos sonhos

O ser humano nasce com algumas responsabilidades que, quer goste ou não, têm de ser cumpridas a qualquer preço. A maternidade na mulher é o maior exemplo disso.

De fato, coube à mulher a responsabilidade da procriação, da educação e preparação dos filhos para o futuro, da preservação da família etc., incumbências estas que, diga-se de passagem, tem desempenhado com muita maestria e responsabilidade desde o início da humanidade.

Entretanto, por maiores e mais incômodas que possam ser "estas responsabilidades", jamais deverão servir de empecilho para que a mulher deixe de seguir seus sonhos ou desejos, porque é deles que extrairá o seu futuro, ambições, objetivos e metas.

As coisas mais importantes da vida aprende-se sozinho

Normalmente, o ser humano entra na escola para aprender a ler, a escrever, a conviver com outras pessoas.

Com o passar do tempo, seu aprendizado incluirá história, geografia, física, química, ciências, matemática e até língua estrangeira, sempre com o apoio dos professores e amigos.

Entretanto, por mais importante que possa ser este aprendizado, jamais poderá ser comparado às lições de vida que terá que enfrentar completamente sozinho, através do contato com seus colegas, pela convivência com seus familiares ou até mesmo através de simples conversas com pessoas desconhecidas.

Para iniciar este aprendizado, sugerimos que, em primeiro lugar, olhem para dentro de si mesmos e procurem descobrir as coisas boas que possuem. Se bem utilizadas, poderão ajudar perfeitamente neste aprendizado complementar e, como conseqüência, auxiliar na construção de um mundo melhor.

A esperança é a última que morre

A esperança nada mais é do que a última alternativa para conseguir algo ou alguma coisa, porque o ser humano sem esperança é como uma pessoa que já morreu e esqueceu de deitar.

A esperança nada mais é do que demonstração de confiança e fé no futuro. O homem que tem esperança é otimista por natureza e, como tal, sempre acreditará num futuro melhor para si, para todos aqueles que o rodeiam e para a própria humanidade.

O que se planta hoje... se colhe amanhã

Todos os atos praticados diariamente, quer seja no ambiente particular ou no profissional, com toda certeza se refletem no dia de amanhã.

Isso quer dizer que se o ser humano plantar uma semente hoje, regar todos os dias, fatalmente terá bons frutos, ao passo que se plantar de qualquer jeito e deixá-la constantemente exposta ao sol sem nunca jogar água, provavelmente ela morrerá ou dará frutos ruins.

Em relação aos filhos é a mesma coisa. Se o ser humano tratar com muito amor e carinho e estiver sempre presente nas horas mais difíceis, certamente terá bons filhos, porque estes terão bons exemplos a seguir.

Deixa como está para ver como é que fica

O ser humano tem a péssima mania de querer alterar tudo o que já está pronto, só para dizer que está fazendo alguma coisa. O que é pior, não se preocupa em saber quem fez, de que forma, em que condições e qual a sua finalidade.

Por outro lado, existem outras pessoas que, por absoluto comodismo, acabam deixando as coisas exatamente como estão só para não terem nenhum trabalho de alterar e arriscar-se a criar mais problemas do que solução.

Tanto na primeira como na segunda alternativa, qualquer providência a ser tomada deve obrigatoriamente ser precedida de um pequeno estudo para se avaliar a necessidade ou não de se alterar as coisas que estão funcionando. O que não podemos nem devemos é simplesmente deixar as coisas como estão por puro comodismo ou medo de errar.

Chifre e mala, cada um carrega o seu

É muito comum o ser humano levar grande quantidade de roupas quando vai viajar, por mais simples que possa ser a viagem, independentemente dos dias que vai durar. Arruma as malas com alguns dias de antecedência para ter tempo de comprar peças de última hora ou pedi-las emprestadas.

Na hora de carregar as malas é que se vai dar conta do que fez e, aí, como não tem mais jeito, vai ter que levá-las assim mesmo.

No casamento ocorre a mesma coisa. Se não houver carinho e compreensão entre os dois alguma coisa pode acontecer e não restará outra alternativa a não ser carregar alguma coisa. Com toda certeza, mala de viagem não é; portanto, cuidem-se.

A familiaridade encurta o respeito e rebaixa a autoridade
(Mariano da Fonseca, político brasileiro — 1773-1848)

Familiaridade nada mais é do que a proximidade existente entre os membros de uma mesma família.

Na medida em que houver muito respeito entre todos, principalmente em relação às obrigações e individualidades de cada um, deixará de existir qualquer distância entre pais e filhos, um dos principais motivos para o surgimento dos problemas do dia-a-dia.

O resultado deste "relacionamento harmônico" ocasionará automaticamente um rebaixamento na autoridade, tornando-os praticamente iguais porque cada um terá plena consciência do que pode ou não fazer, preservando-se sempre o respeito mútuo, fundamental nessas ocasiões.

A evolução individual implicará uma evolução coletiva

Uma das maiores responsabilidades que o ser humano tem na vida, muito embora difícil de perceber e compreender, é a necessidade de evoluir, dentro do menor prazo possível, quer seja no âmbito profissional ou particular. Assim o fazendo, permitirá que todos que estão a sua volta evoluam também, por mais simples que possam ser.

Para tanto, deverá aproveitar todo o potencial que existe dentro de si na transmissão do seu conhecimento, auxiliando na evolução de outras pessoas que estão à sua volta. Agindo desta forma, estará dando enorme passo para atingir sua completa evolução.

Não se pode dizer que a pessoa praticou um erro quando dele se beneficiou
(Francisco Amaro, advogado paulista)

Normalmente, qualquer tipo de erro conhecido está sempre associado a alguma perda, seja de ordem moral, financeira, patrimonial ou, na pior das hipóteses, na perda de tempo.

Algumas pessoas conseguem transformar erros cometidos propositadamente em proveito próprio mediante "atos desonestos" que cometem. Neste caso, como podemos aceitar como erro um ato desonesto praticado de forma planejada para prejudicar os outros em proveito próprio? Na verdade, não é um erro mas sim um crime e, como tal, terão que responder por isso.

Quanto ao erro em si podemos dizer que se trata de ato cometido sem planejamento e que acabe trazendo prejuízo para os dois lados e não apenas para um.

Se todos gostassem do amarelo o que seria das outras cores?

    Assim como todos os dedos da mão são completamente diferentes, muito embora estejam presos ao mesmo pulso, ao mesmo braço, da mesma pessoa, cada ser humano tem seu modo de pensar e de agir completamente diferente.

    Imaginem o que seria deste mundo se todos os seres humanos fossem exatamente iguais: mesmo tamanho, forma, aparência, modo de falar, de se vestir etc. Provavelmente não seríamos seres humanos, mas sim robôs e, com toda certeza, não teríamos opinião própria, Apesar disso tudo, ainda existem pessoas que não perceberam isso e continuam seguindo sua vida baseadas na opinião dos outros.

    Que tal perceberem isso o mais rapidamente possível e passarem a administrar suas próprias vidas? Ou preferem continuar sendo robôs?

૪૭૪૭૪૭૪૭૪૭૪૭૪૭

Uma boa ação jamais se perde. É um tesouro armazenado e guardado em favor daquele que a praticou

    Uma ação, entre muitos outros significados, é um modo de atuar; resultado de uma força física ou mental, energia gasta em prol de algo ou alguma coisa.

    Apesar de ter mencionado anteriormente, nunca é demais relembrar que, após sua passagem desta para uma melhor, ou pior, dependendo da vida que cada um levar, sempre será julgado por suas ações, quer tenham sido boas ou más.

    Portanto, procurem praticar somente boas ações porque só assim valerá a pena ter vivido.

ಬಿಬಿಬಿಬಿಬಿಬಿಬಿಬಿಬಿಬಿಬಿ

Na medida em que o ser humano se desenvolve física, profissional e espiritualmente falando, seja através da utilização adequada de seus sentidos, de estudos mais aprofundados e da sua capacidade de absorver os ensinamentos que a vida nos oferece a todo instante, fatalmente proporcionará a oportunidade de desenvolvimento a todos aqueles que o cercam, quer sejam parentes, amigos, vizinhos, colegas de serviço e até mesmo pessoas desconhecidas porque este é o caminho inevitável para se atingir um mundo melhor.

ಬಿಬಿಬಿಬಿಬಿಬಿಬಿಬಿಬಿಬಿಬಿ

Leitura Recomendada

Multiplique sua Capacidade Mental
P. S.: O Programa do Sucesso
Ana Maria Carvalhaes e Zita M. Poock de S. Santos

Este é um livro pioneiro no campo do ensino-aprendizagem, destinado não só aos alunos que desejam aumentar seu potencial, melhorar o rendimento nos estudos, sejam eles preparatórios ao vestibular ou outro tipo de concurso, mas também aos educardores.

Como Lidar com Pessoas Difíceis
Guia Prático para Melhorar seus Relacionamentos
Alan Houel com Christian Godefroy

Algumas pessoas têm formas de tornar nossas vidas difíceis e nós precisamos encontrar maneiras de neutralizá-las. Este é um livro prático e direto que irá ajudá-lo a fazer exatamente isso.

Ser Normal Não é Saudável
Dr. Bowen F. White, M.D.

Ser Normal Não É Saudável é um livro que possibilita ao leitor perceber que muitos dos nossos negócios, muitas de nossas atividades frenéticas e estressantes referem-se à conseqüência lógica de tensão para esconder aquilo que é óbvio, embora não dito. Temos assuntos que não compartilhamos, que não discutimos. É hora de revelar nossos segredos, aquelas informações que distribuímos em nosso psíquico humano coletivo.

Ponha Cor em Sua Vida
Laurinda Grion

Em *Ponha Cor em sua Vida*, Laurinda Grion convida o leitor a buscar dentro de si os meios de alcançar uma vida plena. Como? Aprendendo, a cada dia, novas formas de conquistar seus objetivos. É fundamental "enfrentar" os desafios de maneira mais ousada, não se limitando apenas a pensar, planejar, sonhar, mas de modo a lutar por seus ideais de sucesso, sejam eles quais forem.

Segredos de Permanecer Jovem, Os
Reversão de Idade para a Mente e para o Corpo
Dra. Marie Miczak

Este livro ensina uma filosofia que você pode aplicar para cuidar bem de sua saúde, pois, ao ler *Os Segredos de Permanecer Jovem*, aprenderá que produtos maravilhosos podem e devem ser adicionados ao seu programa diário para ajudá-lo a parecer e realmente se sentir melhor.

100% Saúde
Patrick Holford

O livro *100% Saúde*, do consagrado autor Patrick Holford, oferece uma nova maneira de entender e atingir a saúde perfeita. Ele revela as verdadeiras causas das doenças modernas e como evitá-las. Leia este livro e tenha uma vida mais saudável!

Leitura Recomendada

Antes que Você Morra
Osho

Ao alcançar a essência mais profunda do seu ser, a imortalidade, você é Deus. Deus não significa outra coisa — siginifica o imortal, o eterno!

Tantra: Espiritualidade e Sexo
Osho

Deixe sua mente entregar-se completamente ao sexo. Shiva diz: "Enquanto estiver sendo acariciada, amada, doce princesa, entre no carinho, no amor, como numa vida eterna".

Visão Tântrica, A
Osho

O Tantra é uma brincadeira porque é uma forma de amor altamente desenvolvida, em que você tem de se livrar da forma física. A visão básica do Tantra é que o mundo não é dividido em superior ou inferior, mas é um todo único.

Yoga
A Ciência da Alma
Osho

Com base nos sutras de Patânjali, Osho pronunciou dez discursos que são de uma lucidez e reflexão insuperáveis. Com o toque mágico de Osho, o caminho do yoga é transformado de uma austera disciplina em uma abertura para o divino.

Lendas do Caminho de Santiago
A Rota Através de Ritos e Mitos
Juan G. Atienza

O caminho de Santiago foi e é um fenômeno cultural, religioso e sociológico, possivelmente sem comparação no mundo, ao mesmo tempo em que é também uma experiência individual de enorme profundidade para os peregrinos que percorreram durante séculos a extraordinária rota jacobéia, um caminho repleto de códigos simbólicos de profundo significado.

Meditação como Terapia
A Casa do Mestre
Ana Maria Canzonieri Maeda

Para conseguir a harmonia necessária para uma vida saudável é preciso empreender uma busca pessoal, porque a grande revelação interior do ser humano — aquilo que nós temos —, somente podemos revelar a nós mesmos.

MADRAS® Editora
CADASTRO/MALA DIRETA

Envie este cadastro preenchido e terá todas as informações dos nossos lançamentos, nas áreas que determinar.

Nome _____

Endereço _____

Bairro _____ Cidade _____

Estado _____ CEP _____ Fone _____

Email _____

Sexo ☐ Fem. ☐ Masc. Nascimento _____

Profissão _____ Escolaridade (nível) _____

Você compra livros:
☐ livrarias ☐ feiras ☐ telefone ☐ reembolso postal
☐ outros: _____

Quais os tipos de literatura que você LÊ:
☐ jurídicos ☐ pedagogia ☐ romances ☐ técnicos
☐ esotéricos ☐ psicologia ☐ informática ☐ religiosos
☐ outros: _____

Qual sua opinião a respeito desta obra? _____

_____

Indique amigos que gostariam de receber a MALA DIRETA:

Nome _____

Endereço _____

Bairro _____ CEP _____ Cidade _____

Nome do LIVRO adquirido: LIÇÕES DE VIDA – DITADOS POPULARES

Para receber catálogos, lista de preços e outras informações escreva para:

MADRAS Editora Ltda.

Rua Paulo Gonçalves, 88 – Santana
02403-020 – São Paulo – SP
Caixa Postal 12299 – 02013-970 – SP
Tel.: (0_ _11) 6959.1127 – Fax: (0_ _11) 6959.3090
www.madras.com.br

Este livro foi composto em Times New Roman, corpo 11/12.
Papel Offset 75g – Bahia Sul
Impressão e Acabamento
Gráfica Palas Athena – Rua Serra de Paracaina, 240 – Cambuci – São Paulo/SP
CEP 01522-020 – Tel.: (0_ _11) 3209-6288 – e-mail: editora@palasathena.org